A HORA DE
ser feliz

Preencha a **ficha de cadastro** no final deste livro
e receba gratuitamente informações
sobre os lançamentos e as promoções da
Editora Campus.

Consulte também nosso catálogo
completo e últimos lançamentos em
www.campus.com.br

A HORA DE
ser feliz

receitas simples para um dia-a-dia mais tranqüilo

TRADUÇÃO
ALFREDO BARCELLOS PINHEIRO DE LEMOS

Alegro

Do original
The Speed Trap
Tradução autorizada da edição publicada por
Harper San Francisco — HarperCollins Publishers
Copyright © 1999 by Joseph V. Bailey

© 1999, 2004, Elsevier Editora Ltda.

Todos os direitos reservados e protegidos pela Lei 9.610 de 19.02.1998. Nenhuma parte deste livro, sem autorização prévia por escrito da editora, poderá ser reproduzida ou transmitida, sejam quais forem os meios empregados: eletrônicos, mecânicos, fotográficos, gravação ou quaisquer outros.

Copidesque
Ivone Teixeira

Editoração Eletrônica
DTPhoenix Editorial

Revisão Gráfica
Shirley Lima da Silva Braz
Marlene Tambani

Projeto Gráfico
Elsevier Editora Ltda.
A Qualidade da Informação
Rua Sete de Setembro, 111 — 16º andar
20050-006 — Rio de Janeiro — RJ — Brasil
Telefone: (21) 3970-9300 Fax (21) 2507-1991
E-mail: info@elsevier.com.br
Escritório São Paulo
Rua Elvira Ferraz, 198
04552-040 — Vila Olímpia — São Paulo — SP
Telefone: (11) 3841-8555

ISBN 85-352-1518-2

CIP-Brasil. Catalogação-na-fonte.
Sindicato Nacional dos Editores de Livros, RJ

B138h   Bailey, Joseph V.
     A hora de ser feliz: receitas simples para um dia-a-dia mais tranqüilo / Joseph Bailey; tradução Alfredo Barcellos Pinheiro Lemos. — Rio de Janeiro: Elsevier, 2004.

     Tradução de: The speed trap
     Publicado anteriormente sob o título: Não se preocupe, seja feliz
     ISBN: 85-352-1518-2

     1. Quietude. 2. Paz de espírito. 3. Conduta. 4. Qualidade de vida. I. Título.

04-1412
CDD – 158
CDU – 159.947

04 05 06 07   5 4 3 2 1

Este livro foi publicado em 1999 sob o título
Não se preocupe, seja feliz

À minha família, cujo amor fez com que a redução da velocidade em minha própria vida se tornasse essencial e uma profunda alegria. Para Michael, minha esposa. Para Ben e Michelle, meu filho e minha nora. Para meu neto, que nascerá em breve. E para minha mãe... a maior fã que eu tenho, uma constante fonte de apoio. Vocês todos são uma dádiva!

Agradecimentos

Este livro não seria possível sem os esforços conjuntos de muitas pessoas. Quero agradecer a todos que concordaram em ser entrevistados. Embora seus nomes tenham sido alterados para preservar o anonimato, suas vidas e transformações pessoais vão inspirar muitas pessoas no mundo inteiro. Agradeço a meu editor na Harper San Francisco, Mark Chimsky, que me pediu para escrever este livro. Ele foi o editor ideal: desafiador, encorajador e prestimoso em cada etapa do processo. E a Laurie Viera, que editou os originais antes de serem apresentados à editora. Ela foi talentosa em sua capacidade de transformar minhas palavras em prosa, como num passe de mágica. Foi um prazer trabalhar com Laurie. Quero agradecer também a meu querido amigo e colega Richard Carlson, por me estimular e acreditar em mim como escritor, e por escrever o prefácio. Por último, agradeço à minha família por todo o apoio afetuoso, em particular a Michael, minha esposa, que é minha melhor amiga e minha alma gêmea, no sentido mais sincero e profundo da expressão.

Sumário

Prefácio de Richard Carlson *11*

Introdução
Paz de espírito num mundo frenético: Sonho ou possibilidade? *17*

1. O gramado do vizinho é sempre mais verde ou preciso de óculos novos? *33*
2. Jogando pela lição *36*
3. Sobrevivendo a uma fusão e a um *downsizing* com êxito *39*
4. Colocando alegria no que você faz *43*
5. Pensamento positivo não é suficiente *46*
6. Rompendo o círculo da preocupação *50*
7. "Mamãe, há uma tempestade dentro de mim": A visão dos pais sobre os hormônios dos adolescentes *53*
8. A morte de uma pessoa amada *56*
9. Uma empresa encontra o sucesso pela felicidade: A história de um executivo *60*
10. Transformando pânico em paz *65*
11. Colapso de computador *68*
12. O poder da presença em relacionamentos *72*
13. A verdadeira fonte da genialidade *75*
14. Apaixonando-se pelo trabalho *79*

15. Raiva: Um trabalho interno 83
16. Uma roseira em uma semente 86
17. Pensamento livre de gordura 91
18. Devolvendo a alegria pelo trabalho 94
19. "Papai, meus pensamentos mudaram!" 98
20. Ânimos negativos podem distorcer nossa percepção das circunstâncias 103
21. Confie no poder de uma mente calma 107
22. Determine novos limites 110
23. Seguro num mundo hetero 115
24. Morte sem perda 117
25. "Papai, não se preocupe, estamos bem" 123
26. Ensinando a pescar 127
27. Estar presente: O segredo da intimidade 131
28. Seja fiel a você mesmo: sabendo quando dizer não 135
29. A areia movediça de provar sua capacidade 138
30. Ensinando para a saúde dos alunos 141
31. O poder do perdão 145
32. Descobrindo a alegria de perder o controle 150
33. Esperança é a cura 155
34. "Desista de seus objetivos para poder alcançar o sucesso" 159
35. Uma comunidade aprende a ser calma, objetiva e controlada 163
36. Mudando por meio da auto-aceitação 168
37. O poder de cura do momento 172
38. Sua história 176

Prefácio de Richard Carlson

MINHA FAMÍLIA E EU ESTÁVAMOS DE FÉRIAS NO HAVAÍ, um dos lugares mais lindos e relaxantes do mundo, quando ouvi uma mãe gritar para os dois filhos, num tom impaciente: "Depressa! Vocês estão demorando demais!". E eles seguiam para o mar, a fim de brincar! Já observei executivos, tanto homens quanto mulheres, começarem e terminarem conversas inteiras tão preocupados e apressados que nunca, nem sequer uma vez, levantaram os olhos para verificar com quem falavam. E já vi clientes em restaurantes tão furiosos por terem de esperar uns poucos minutos por uma mesa que saíram abruptamente, jurando que nunca mais voltariam. Parece que a impaciência, assim como um senso correspondente de pressa, tornou-se uma epidemia. Na verdade, as frases mais populares no mundo de hoje parecem incluir "Depressa, que estou atrasado", "Não há tempo suficiente", e a predileta de todos, "Estou muito ocupado".

Assim, não posso pensar num livro mais apropriado ou mais importante para os nossos tempos do que este. Na minha opinião, é essencial analisar a questão de nossa obsessão pela pressa, a tendência para glorificá-la e a maneira como ficamos presos em sua armadilha. Junto com outros aspectos da vida, há um conceito equivocado comum sobre a pressa, segundo o qual "Mais é melhor" ou, em termos mais específicos, "Mais depressa é melhor". Acreditamos que a melhor maneira de viver é através de movimentos rápidos, viagens rápidas, comunicação rápida, até mesmo comer e pensar depressa.

A obsessão pela pressa assumiu o comando de nossas vidas. Também não resta a menor dúvida de que diminuiu nossa qualidade de vida. Muitas pessoas se tornaram ocupadas e apressadas demais para relaxar, escutar outras ou mesmo apreciar amigos e pessoas amadas. Com bastante freqüência, ficamos tão ansiosos em passar "para o momento seguinte" que não experimentamos ou apreciamos plenamente o que estamos fazendo.

Uma das minhas citações prediletas é esta: "O progresso é maravilhoso, mas fomos longe demais." Nem sempre, mas com bastante freqüência, isso acontece em relação à pressa. Claro que há ocasiões em que mais depressa é melhor. As viagens aéreas mais rápidas e muitos avanços tecnológicos sem dúvida melhoraram a vida, tornando-a mais fácil e mais confortável. Mas levamos a noção de desempenho mais rápido a um nível quase de insanidade.

A obsessão pela pressa fez com que nos tornássemos cada vez mais impacientes e agitados, criando uma falta de perspectiva social. Insistimos na satisfação imediata. Se nosso computador leva mais que uns poucos segundos para carregar, ficamos aborrecidos. Se o nosso *fast food* predileto leva mais de um minuto para aprontar uma refeição, olhamos para o relógio, impacientes, especulando o que aconteceu. E nos perguntamos: "Por que está demorando tanto?". Se um amigo está uns poucos minutos atrasado, ficamos contrariados... e podemos até imaginar por que "perdemos o nosso tempo" com amigos assim! A gratidão é coisa do passado. Vivemos ocupados e apressados demais para parar por um momento e aspirar o perfume das rosas, para diminuir um pouco o ritmo, o suficiente para notar muitos dos prazeres mais simples da vida, como a natureza, o pôr-do-sol, os amigos e a família, a saúde e incontáveis outras bênçãos, que nem percebemos mais.

Nossa mente se tornou tão incrivelmente ocupada que nem sabemos mais como relaxar. Em vez disso, logo nos sentimos entediados, com a maior facilidade, quando não está acontecendo alguma coisa emocionante ou "interessante". Muitas pessoas precisam de estímulos constantes. Faço freqüentes viagens de avião. Muitas vezes vejo outros passageiros lendo dois jornais ao mesmo tempo — não se contentam com um só —, enquanto acompanham o filme e às vezes até falam ao telefone. Quase ninguém é capaz de ficar quieto sem ter nada com que se entreter, mesmo que seja apenas por um instante. Passamos a ter medo do silêncio, que nos deixa embaraçados. Nossas mentes fervilham tão alto que, às vezes, quase tenho a impressão de que posso ouvir a confusão e ansiedade na mente da pessoa sentada ao meu lado! Muitas vezes observo outros se agitando no maior nervosismo, soltando freqüentes suspiros de impaciência.

É lamentável, mas nossa mente acelerada e nossa vida superacelerada têm efeitos profundamente negativos na família. Não temos mais tempo uns para os outros. Racionalizamos sob a alegação de que passamos "tempo de qualidade", mas na verdade esse "tempo de qualidade" em geral não é nada disso. Ao contrário, é mais um "tempo programado", um breve momento entre duas ou mais atividades aceleradas.

As conversas íntimas são raras hoje em dia. Na maior parte do tempo, nós nos tornamos "muito ocupados" para sentar e apreciar a companhia de um amigo, cônjuge ou filhos. Em vez de fitar um ao outro e prestar uma atenção total à conversa, ficamos de olho no relógio, verificando se há tempo suficiente para chegar na hora ao próximo encontro. Receamos nos atrasar ou perder alguma coisa importante. A ironia é que, quanto mais depressa você vai, mais vai perder coisas!

Claro que racionalizamos toda essa pressa, insistindo que nos tornamos mais produtivos. Mais uma vez, não é verdade. A pressa, mais do que a maioria dos outros fatores, causa equívocos, uma falta de foco, sobrepõe esforços e cria problemas desnecessários, que jamais ocorreriam se diminuíssemos o ritmo o suficiente para focalizar com a mente clara e objetiva.

Embora alguns autores reconheçam a armadilha associada ao excesso de velocidade, as soluções bem-intencionadas muitas vezes agravam ou exacerbam os problemas, em vez de repará-los. Tipicamente, passamos a usar tecnologia e aparelhos que poupam tempo, procuramos meios melhores de organizar nossa vida. Quando conseguimos arrumar um tempo livre ou nos tornamos mais eficientes, assim poupando tempo, nossa mente nervosa e acelerada sempre encontra um meio de preenchê-lo. Assim, terminamos andando em círculos, empenhando-nos ao máximo para poupar tempo e ocupando o tempo poupado com mais atividades.

Para mim, a única solução legítima é criar uma mente mais calma. Esta é a ênfase deste livro. Aqui você vai descobrir como parece a vida cotidiana sob uma perspectiva mais calma. Uma mente mais calma traz percepção, criatividade e a energia necessária para trabalhar por longas horas, se isso for necessário. Uma mente mais calma permite que você veja a essência do problema, descartando o que é irrelevante. Uma mente calma permite que você tenha um aproveitamento de aprendizado maior e mais eficaz, para focalizar, se concentrar e ser o melhor de que é capaz. Permite que você se associe aos outros num nível mais profundo, que desenvolva uma presença poderosa e faça um contato genuíno, com um comportamento efetivo e não-defensivo dos outros.

Este livro será um conforto para você. Não terá de mudar sua vida ou providenciar um novo sistema de administração do tempo. Todas as mudanças ocorrerão na paz e no sossego de sua mente, através de alterações em sua consciência. À medida que absorve o material, você pode se descobrir fazendo perguntas como: "Qual é a pressa?". Toda a agitação ao seu redor pode começar a parecer um pouco absurda. Vai descobrir que, na verdade, há tempo suficiente para fazer tudo o que tem de ser feito. Quando você aprende a reduzir o ritmo "de dentro para fora", passa a ter a impressão de que dispõe de tempo *mais* do que adequado, como se a vida começasse a transcorrer mais lenta. Vai aprender a manter o rumo certo. Será mais eficiente, menos reativo, cometerá menos erros. Também se tornará mais paciente e gentil, mais disposto a escutar.

Quem melhor para partilhar suas percepções sobre esse problema tão importante do que Joseph Bailey? No campo da melhoria pessoal, não há melhor indicação da autenticidade de um mestre do que a maneira como a pessoa leva sua vida. Infelizmente, há autores, oradores e mestres cuja vida particular é tão diferente do que pregam quanto se pode imaginar. Algumas pessoas que escrevem sobre paz interior se mostram ansiosas, furiosas e agitadas durante boa parte do tempo. Algumas cujo ensinamento ou mensagem fundamental gira em torno da bondade, caridade e atos de amor são gananciosas, narcisistas, egocêntricas e egoístas. E alguns supostos *experts* em relacionamentos já se divorciaram não uma ou duas vezes, mas várias, e parecem ter conflitos em quase todos os seus relacionamentos. Quem sabe? Talvez isso faça com que sejam peritos no que não são.

Mas essa dicotomia não se aplica a Joseph Bailey. Tenho a grande honra de conhecer Joe há vários anos. Somos grandes amigos. Para mim, se alguém está qualificado para tratar desse assunto, é Joe. Uma das coisas que quase sempre acontece quando me encontro com Joe é que descubro como às vezes fico agitado e apressado. Embora seja um terapeuta talentoso e um profissional excepcional, Joe é também uma das pessoas mais serenas que já conheci. É calmo e tranqüilizador, tanto na vida cotidiana quanto nos momentos de pressão. É extremamente "presente" e generoso com todos, não apenas quando está sendo observado, mas durante todo o tempo. Demonstra a mesma gentileza sincera com um sem-teto ou com o presidente de uma grande companhia... e posso afiançar isso por testemunho pessoal.

O senso de calma de Joe estende-se a seu casamento. Ele e a mulher mantêm um relacionamento afetuoso e divertido. O respeito e a ternura um pelo outro são evidentes para todas as pessoas que os conhecem. Não pode haver a menor dúvida de que todos nós podemos aprender muita coisa com Joe Bailey.

Mas nem mesmo Joe Bailey é capaz de reduzir a quantidade de responsabilidades que você assume ou as exigências de seu horário frenético. Ele pode, no entanto, descobrir um lugar dentro de você em que a vida não parece tão apressada, como se tudo fosse uma emergência. Gandhi disse numa ocasião: "Sua vida é sua mensagem." E Joe é um exemplo vivo do que prega. Com toda sinceridade, espero que vocês recebam a mensagem de Joe em seu coração.

Minha sugestão é a seguinte: respire fundo e se prepare para relaxar. Adoro este livro, e tenho certeza de que você também vai gostar!

Richard Carlson
Setembro de 1998

Introdução

Paz de espírito num mundo frenético: Sonho ou possibilidade?

A PRESSA TORNOU-SE NOSSO DEUS. Cultuamos a eficiência, fazer o trabalho depressa, realizar mais e mais, superar os concorrentes, chegar ao final de nossa lista de tarefas. Os anunciantes vendem mais produtos hoje usando a pressa como motivação do que no tempo em que usavam o sexo. Agora, é o alimento instantâneo para o café da manhã, *waffles* em microondas, caixa automático e crédito imediato, empréstimos pelo telefone no mesmo instante. Dobramos a velocidade de nossos computadores pelo menos a cada dois anos, a fim de podermos fazer mais coisas, ficamos a par dos últimos acontecimentos através da Internet, enviamos e-mails para pessoas no mundo inteiro no mesmo instante. Também sentimos a necessidade de manter nossos corpos se movendo mais depressa. Por isso, bebemos mais café para ter um rápido fluxo de energia, tomamos supervitaminas para nos estimular e procuramos as mais recentes dietas da moda para ter mais energia. Podemos estar fazendo mais coisas do que em qualquer outro momento anterior, mas será que estamos aproveitando a vida?

Como psicoterapeuta e organizador de seminários, tendo trabalhado com milhares de pessoas, as maiores queixas que ouço de meus pacientes são de estresse, ansiedade, insônia, problemas de relacionamento e depressão. Com bastante freqüência, meus pacientes indagam: "Qual o sentido de toda essa pressa para realizar, adquirir e produzir?", "Por que não sou feliz?", "Tenho tudo que sempre desejei. Viajo em férias de sonhos e sou bem-sucedido.

Minha vida é agitada, mas não me sinto realizado." Escuto essas queixas todos os dias em meu consultório e em conferências. Apesar disso, continuamos a avançar como se estivéssemos todos numa corrida.

Isso é mesmo necessário?

O deus da pressa

Há vinte anos, eu vivia como se estivesse numa esteira rolante. Quanto mais eu corria, maior a velocidade da esteira. A cada ano de minha vida eu me esforçava mais e parecia mais ocupado. Apesar disso, tinha a sensação de que sempre havia mais para fazer. A pressa se tornara meu deus. Por dentro, sentia-me como um motor acelerado, ansioso, estressado, preocupado sem saber se conseguiria fazer todas as coisas a que me propunha. Podia me sentir satisfeito e aliviado por apenas um instante, depois de realizar mais alguma coisa, como o retorno para alguém que me telefonara, um dia inteiro recebendo clientes, uma palestra, mais uma carga de roupa apanhada na lavanderia. Quase no instante seguinte, porém, a ansiedade recomeçava a se acumular. Resultado: eu vivia dominado pelo medo e pela tensão, sofria de insônia e dor de cabeça. Estava sempre com pressa, sentia-me culpado por não ter feito o suficiente. Basicamente, sentia-me insatisfeito. Ansiava pelos fins de semana, feriados prolongados, férias... ou por algum dia indefinido em que teria poupado o suficiente para me aposentar e sair daquela corrida de loucos. Parece familiar?

Por volta de 1980 recebi um telefonema de um antigo colega de faculdade, que me convidou a comparecer a um seminário sobre uma psicologia nova e revolucionária, chamada Compreensão da Saúde,* baseada nos princípios que determinam a saúde mental. Eu via com ceticismo qualquer coisa que se apresentasse como um novo paradigma e prometesse todas as respostas. Ouvira isso muitas vezes e sempre acabava decepcionado. Mas, por algum mo-

---

* A Compreensão da Saúde (*Health Realization*) é também chamada de Psicologia da Mente.

tivo, senti-me atraído a comparecer ao seminário, quase compelido pela curiosidade.

O que descobri naquele fim de semana continuou a crescer dentro de mim desde aquela época. O que aprendi me permitiu levar a vida sem o estresse e a ansiedade que haviam se tornado "normais" para mim, durante minha vida adulta. Você pode estar imaginando que precisei abandonar meu emprego, mudar para o meio do mato, virar um eremita recluso. Não foi o que ocorreu. Não apenas continuei empenhado em minha carreira, mas também passei do esgotamento para o rejuvenescimento total. Pude realizar coisas na vida que nunca sonhara serem possíveis. Tenho sucesso sem estresse, tenho o amor da minha vida sem "trabalhar" o relacionamento e tenho um contentamento interior na vida cotidiana que julgava estar reservado apenas aos monges e às crianças, jamais a adultos responsáveis numa sociedade de trabalho em ritmo acelerado.

Um mundo de dentro para fora

O que descobri naquele seminário é que meu mundo pessoal, o mundo da minha experiência psicológica da vida, é criado de dentro para fora. O que sei agora é que *em cada momento estou criando minha vida psicologicamente através do pensamento*. Isso mesmo, momento a momento, tenho um pensamento depois do outro — quer me dê conta ou não — e cada um desses pensamentos cria a vida que percebo a cada instante, as emoções que sinto e as reações que tenho diante dessa realidade percebida. Esse conhecimento me proporcionou um sentimento de profunda responsabilidade e liberdade, pois descobri a dádiva do *livre-arbítrio*.

Eu estava acostumado a acreditar que a vida vinha de *fora*. Todas as influências de minha vida (escola, pais, faculdade de psicologia) me condicionavam a crer que minha experiência de vida era produto de minha criação, passado e influências externas (sociedade, ambiente, economia, política, mídia). E minha experiência confirmava esse condicionamento. Para mim, parecia que o tempo, o trânsito, os ânimos e os comportamentos das outras pessoas, meu saldo bancário, o mercado de ações e todas as outras forças externas conspiravam para determinar minha experiência interior. Afinal, quando isso (a realidade) mudava, minha experiência interior também mudava. Portanto, parecia-me que havia uma realidade estacionária, concreta, externa e objetiva, a que todos nós reagimos.

Compreendia que meu pensamento tinha relação com minha experiência, mas apenas como uma espécie de intermediário entre mim e a realidade. *O que não compreendia é que a realidade pessoal concreta que eu via "lá fora" era produto do meu poder de pensar.* Eu acreditava que a vida "lá fora" causava meu estresse; era apenas uma vítima do frenético mundo atual. Não podia estar mais longe da verdade.

Uma nova realidade

Quando ouvi pela primeira vez que eram meus pensamentos — e somente meus pensamentos — que criavam minha realidade, fiquei na defensiva e irritado. Afinal, passara anos aprendendo como minha família e a sociedade eram a causa do meu pensamento e da minha experiência. Pregava essas idéias a meus clientes de psicoterapia, participantes de seminários e outros profissionais. As novas idéias me soavam como chavões simplistas e até perigosos. Mas, paradoxalmente, em algum nível intuitivo, as idéias faziam um sentido absoluto e me proporcionavam um sentimento de profunda calma e serenidade. Como não podia deixar de ser, fiquei totalmente confuso.

Ao longo dos últimos 20 anos, desde que as ouvi pela primeira vez, essas idéias resistiram ao teste do tempo, não apenas em minha vida, mas também na vida de milhares de pessoas com quem tenho me encontrado, pessoas expostas às mesmas idéias. Tenho observado que, à medida que as pessoas compreendem os princípios dos quais falarei mais adiante, suas vidas se tornam mais calmas, mais satisfatórias, mais sensatas e mais afetuosas... ou seja, mais bem-sucedidas, em todos os sentidos da expressão. *Ao com-*

preender que a vida é criada de dentro para fora, adquirimos o poder de criar uma bela vida. Se estamos aqui neste planeta apenas por um breve período — talvez 60, 70 ou 80 anos —, por que não nos beneficiarmos dessa dádiva?

Por que *armadilha da pressa*?

Usarei o termo armadilha da pressa ao longo do livro para comunicar como todos estamos absorvidos em grau maior ou menor por uma mente ocupada, *uma mente que está acelerada e em descompasso com o momento*. Ou você pensa que está indo depressa demais e sua vida é incontrolável ou não pensa assim, mas o fato é que no fundo de todos os nossos problemas psicológicos há uma mente ocupada, presa na armadilha de seu próprio pensamento. A armadilha da pressa é o denominador comum de todos os problemas da humanidade.

Como a mente funciona: Três princípios simples

Somos todos parte do milagre que chamamos vida. Ao olhar pela janela e ver as folhas da primavera brotando de novo, os passarinhos voltando da migração do inverno e os narcisos em flor, testemunho o mistério da vida em pleno funcionamento, como a vida morre, se transforma e renasce, por toda a eternidade. Como quer que você queira chamar essa força vital que se encontra por trás de toda a natureza, todos os planetas, estrelas, galáxias, das batidas do nosso coração, não pode deixar de reconhecer que se mantém em ação durante todo o tempo. Essa força vital é chamada de **Mente**.

O primeiro princípio

Mente: A energia da própria vida — A fonte do pensamento e da consciência.

Mente é a fonte da energia invisível que não podemos ver, cheirar ou tocar; está por trás de tudo. Sem a Mente, não existiríamos. Está por trás também de tudo que é parte de nossa vida psicológica, cada pensamento, percepção, emoção, ação, movimento e intenção. A Mente por si mesma não tem forma, mas é a fonte de todas as formas que adquirem existência, como um sorriso, uma invenção, uma grande idéia, um gesto pensativo, um acesso de raiva. A Mente é o poder por trás do que experimentamos. Nunca podemos conhecer a Mente em sua totalidade, mas podemos sentir sua presença em tudo.

Pense na Mente como eletricidade. Não podemos vê-la, mas podemos sentir seus efeitos na luz, na energia, no movimento de um motor, num relâmpago. Sem a eletricidade, o motor não teria qualquer força ou movimento, a luz não acenderia. A Mente é a fonte de toda experiência humana, pensamentos, percepções, emoções, comportamento e consciência.

O segundo princípio

Pensamento: A criação contínua de vida através da atividade mental.

O Pensamento é o princípio que nos permite criar a forma de nossa experiência de vida momento a momento. O Pensamento cria toda a atividade mental: cada imagem mental, fantasia, percepção, som, contato, dor, prazer, emoção, sensação, conceito, memória, sonho, imaginação, preocupação, tudo o que pensamos como nossa experiência. Estamos sempre pensando, e cada pensamento nos proporciona a experiência de vida.

Ao acordar pela manhã, posso pensar: "Oh, não, é segunda-feira!" Ou então: "Será que meu carro vai pegar?". Ou: "Mal posso esperar para sair e dar uma corrida". No instante seguinte, posso pensar: "Puxa, esta cama é tão gostosa que me dá vontade de continuar deitado...". Ou: "Sou preguiçoso demais. Por que tenho tanta dificuldade para levantar?". Ou: "Ora, levante logo de uma vez. Não vai matá-lo". A cada pensamento que passa, há uma mudança na qualidade e intensidade da minha experiência. Até mesmo toda a minha fisiologia muda a cada pensamento, por menos que seja. Por exemplo, quando estou apressado e tenho pensamentos estressados, o cérebro envia impulsos elétricos para o estômago, ombros e maxilares, que levam a uma sensação de tensão física. Assim, me *sinto* estressado.

A maioria dos nossos pensamentos ocorre sem que tenhamos noção. Mas, quer estejamos ou não conscientes desses pensamentos, eles se tornarão nossa experiência de qualquer maneira. Os pensamentos que temos se transformam de maneira instantânea no que chamamos de "realidade". A maioria dos pensamentos não é sequer o que costumamos chamar de pensamentos. Por exemplo, notar que tenho dor nas costas ao sentar nesta cadeira, na frente do computador, o que exige uma mudança da postura, é na verdade uma série de pensamentos. Noto o desconforto, depois me ocorre que devo sentar mais empertigado ou me alongar, tudo isso sem ter consciência dos pensamentos que criaram essa experiência. Ou ter o pensamento passageiro de que estou atrasado para uma reunião importante pode me fazer sentir medo, pisar no acelerador e não perceber a beleza da natureza. Só notarei como o tráfego está lento ou como o motorista à minha frente dirige mal. Por outro lado, a pessoa na faixa de tráfego ao lado está contemplando todas as folhas que brotam das árvores com o início da primavera, sentindo-se exultante por estar viva. Tudo isso é pensar. Através da dádiva do pensamento, somos pequenos *geradores de realidade*.

Realidades separadas

Porque estamos sempre pensando e nosso pensamento gera sempre novas experiências, estamos sempre criando uma nova realidade. Além disso, nunca há duas pessoas criando exatamente a mesma realidade, porque não há duas pessoas que pensem exatamente da mesma maneira. Assim como todos os flocos de neve são feitos da mesma substância, mas não há dois iguais, todos criamos realidade com o pensamento, mas sempre pensamos de maneira diferente. Portanto, cada pessoa vive numa *realidade pessoal singular*. Ninguém pode conhecer de fato a experiência de outra pessoa, porque nunca podemos ter os pensamentos exatos dessa pessoa. Até mesmo dois atores teatrais representando o mesmo papel, com as mesmas falas, vão experimentá-lo de maneiras diferentes. E cada ator terá diferenças sutis ao representar o papel em noites diferentes.

O livre-arbítrio

Quer você compreenda ou não, *o pensamento é uma opção*. Você pode mudar seus pensamentos à vontade; e, mesmo que não tente, o pensamento muda constantemente. Depois que você compreende o princípio do Pensamento em ação na sua vida, verá o poder do livre-arbítrio para mudar sua experiência de vida.

Por exemplo, se eu acordo e penso "Ah, não, é segunda-feira!", e compreendo que não me agrada a experiência para a qual esse pensamento leva, posso mudá-lo. Mas tenho de compreender também que a *fonte* da minha experiência não é o fato de ser segunda-feira, mas sim o fato de ter esse pensamento. *Apenas compreender que sou o responsável por meus pensamentos permite que estes mudem no instante em que reconheço esse fato.* Com esse conhecimento em mente, posso então dizer a mim mesmo: "Não é bom pensar assim. Posso estragar um dia inteiro por causa disso". E, no momento seguinte, minha mente me dará outro pensamento.

Para resumir, criamos vida com o Pensamento, que está sempre em ação e explica todas as nossas experiências. Não há duas pessoas que vivam na mesma realidade, porque todos temos um pensamento exclusivo no momento. Quando você reconhece a fonte de sua experiência — Pensamento —, é capaz de ter um novo pensamento. Falarei mais a respeito daqui a pouco.

O terceiro princípio

Consciência: A experiência sensorial contínua de pensamentos como realidade.

A Consciência é o princípio que dá vida a cada pensamento, através dos sentidos. Sem a Consciência, você não experimentaria seu pensamento como realidade. O pensamento seria como palavras não-lidas numa página de um roteiro de filme, sem sentido, sem serem experimentadas. A Consciência é como um departamento de efeitos especiais sensoriais, que cria um filme com sensacionais efeitos sonoros e visuais, além de cheiros, sensações cinestésicas, emoções, em suma, toda a gama de experiência sensorial. As máquinas de realidade virtual parecem amadoras em comparação com o poder da Consciência de fazer o pensamento se apresentar como realidade. Como um exemplo de consciência em ação, considere um pai que pense: "Tenho sorte de ser pai. Meu filho é muito especial". Seu coração se enternece, um sorriso aparece no rosto, o nível de endorfina aumenta, e ele relaxa.

A Consciência não é discriminatória: leva à vida qualquer pensamento que passa por sua mente. Se estou andando por um caminho escuro, posso ter medo do que está espreitando na escuridão; e, se vejo um galho no chão, posso percebê-lo por um instante como se fosse uma cobra. Enquanto mantenho esse pensamento, terei a experiência sensorial de uma cobra; e a experiência vai reproduzir meu pensamento com precisão (uma cascavel pode gerar uma reação mais intensa do que uma cobra de jardim inofensiva). Se imagino que meu dia será frenético... nesse instante experimento uma sensação de atividade frenética, mesmo que ainda esteja na cama. Talvez eu esteja sentindo dor de uma cirurgia. Alguém que amo muito entra no quarto. Enquanto povôo minha cabeça com pensamentos de amor, minha experiência de dor vai desaparecer durante esses momentos... até que a pessoa pergunte como estou me sentindo. Posso então falar sobre a dor; e a consciência fará com que a dor reapareça. Se estou apressado, saindo quase correndo, a caminho do trabalho, a consciência levará os sentimentos de pressa ao corpo. Se no instante seguinte penso que sou afortunado por ter um emprego, a consciência levará o sentimento de gratidão para a minha experiência. *A Consciência é o sopro de vida do pensamento.*

Se pensamos em nossa experiência psicológica de vida como um filme, então o *pensamento* é o roteiro, a sucessão de imagens e os sons na trilha sonora. Essas palavras, sons e imagens adquirem vida pelos sentidos através da Consciência — o projetor, alto-falantes e o cinema — com a energia gerada através da eletricidade da Mente.

Sentimentos: Nosso sistema de orientação embutido

Se a maior parte do pensamento ocorre sem o nosso conhecimento, como podemos nos proteger de pensamentos prejudiciais ou perniciosos? É verdade que, até você "acordar" e reconhecer que está pensando e criando sua experiência momento a momento, não há muito que possa fazer a respeito. A natureza, no entanto, embutiu em nosso sistema psicológico um sinal para nos alertar quando os pensamentos são prejudiciais, da mesma forma como nos provê de sensores de dor e desconforto, quando estamos doentes, famintos, cansados ou comemos algo que nos fez mal.

Quando você pensa de uma maneira perniciosa, como em estresse, ansiedade, raiva ou ressentimento, suas sensações físicas entrarão em desequilíbrio. Você vai experimentar então algum grau de desconforto. Se presta atenção aos sinais e nota o que está pensando, o pensamento vai mudar, vai se ajustar... e um novo pensamento surgirá. A maioria das pessoas aprendeu que os sentimentos possuem vida própria, mas agora sabemos que estão completamente ligados ao pensamento. Os sentimentos são a manifestação física de Pensamento + Consciência.

Se você aprende a confiar nos sinais de advertência dos sentimentos, eles podem se tornar uma espécie de despertador mental, que o alerta para despertar para seu pensamento. Quando você "acorda" de uma série de pensamentos perniciosos ou mesmo de um único pensamento pernicioso, sua mente clareia, e uma inteligência mais profunda o avisa se deve ou não continuar nessa linha de pensamento. Chamamos a essa inteligência mais profunda de *sabedoria*.

Sabedoria

Sabedoria é pensar no momento que não está restrito pela memória. É uma inteligência transcendental que parece surgir do nada.

É pensamento que não é gerado pelo sistema de convicções pessoais, mas sim de uma fonte impessoal. A sabedoria pode se apresentar sob a forma de uma percepção que aflora em sua mente sobre um problema que o perturbava há muito tempo, mas ainda não fora capaz de resolver. Muitas vezes, quando você não está pensando no problema — enquanto dorme, faz exercício, guia, toma um banho de chuveiro ou em qualquer outra situação em que a mente se aparta do problema —, terá uma percepção que parecerá simples, óbvia e verdadeira.

Ao longo dos anos, aprendi a confiar em minha sabedoria interior, através da experiência e de muitos erros. Tive muitas experiências inúteis de *tentar fazer* os pensamentos criativos aflorarem. Mas quando tenho fé em minha sabedoria e a deixo prevalecer, a sabedoria sempre se manifesta.

Algumas pessoas parecem ter sábios pensamentos durante a maior parte do tempo, enquanto outras só os têm de vez em quando. Não é porque algumas pessoas sejam intrinsecamente mais sábias do que outras. É porque as pessoas parecem ter mais pensamentos sábios quando estão relaxadas, descansadas, depois que se divertiram, quando se encontram num estado de espírito mais positivo. Quando estamos relaxados e nos sentimos contentes, tendemos a ter pensamentos mais sábios. Já constatamos que as pessoas que aprendem a acessar essa sabedoria, através da fé em sua existência e de uma capacidade de relaxar, têm menos estresse, mais felicidade e maior sucesso em atividades profissionais e pessoais.

Bem-estar mental inato

De onde vem a sabedoria? Todos nascemos com um bem-estar mental inato. Basta observar uma criança pequena para testemunhar o bem-estar mental. É a capacidade humana para as virtudes da sabedoria, auto-estima, criatividade, amor incondicional, motivação, adaptabilidade para mudar e os sentimentos mais profundos de alegria, compaixão, amor, otimismo, paciência e humor. Essas qualidades vêm como um pacote completo. Como acontece com uma semente, a roseira já está completa lá dentro, apenas ainda não se realizou.

Observamos em nosso trabalho, com pessoas de todos os grupos socioeconômicos, níveis educacionais, diagnósticos de doenças mentais e culturas, que aqueles que adquirem uma compreensão da maneira como sua mente funciona podem recuperar sua saúde mental inata. Em outras palavras, descobrimos que o bem-estar mental inato pode ser abafado, mas nunca destruído. É capaz de ressurgir a qualquer momento. Como uma rolha na água, sobe quando é removido o peso da mente acelerada. A *experiência* do bem-estar mental inato oscila de acordo com a qualidade do nosso pensamento.

A qualidade do pensamento

Pensamento saudável ⇔ *Pensamento não-saudável*

Em todas as pessoas, o pensamento parece oscilar num contínuo do pensamento saudável ao não-saudável. Quando nosso pensamento é saudável, tendemos a ter percepções, sabedoria e pensamentos positivos, novos, esperançosos e criativos. Quando o pensamento não é saudável, tendemos a ter pensamentos redundantes, que são circulares e parecem baixar nosso ânimo. Esses pensamentos tendem a ser mais analíticos e nos privam do momento, com a predominância de problemas como preocupação, arrependimento e mentalidade de muito ocupado.

Como você pode saber se o seu pensamento é saudável? Quando seu pensamento é saudável, você está no momento. Está presente no aqui e agora, e seu pensamento reage ao momento. Se está com seu filho, está presente, escutando, reagindo às necessidades da criança. Se precisa planejar algo no futuro que tem de ser feito agora, vai lhe ocorrer um fluxo firme de pensamento. Se precisa criar uma estratégia, fazer uma análise ou formular um plano, as idéias também vão surgir. E se precisa lembrar algo do passado, também vai lhe ocorrer no momento. Em outras palavras, seus pensamentos estão fluindo. Você se encontra num estado de *ser*, está desfrutando a vida neste momento.

Quando se encontra no pensamento não-saudável, você não está no momento, mas sim no passado ou futuro. Vive num mundo de hábito e cultura, que é inalterável, não-criativo, e muitas vezes não reage ao que acontece no momento. Se está com seu filho num estado de pensamento não-saudável, pode tender a se mostrar preocupado, ensimesmado, impaciente, irritado, moralista. A criança vai sentir isso e se agarrar em você, assumir uma atitude desafiadora ou contrariá-lo de alguma outra forma. A qualidade do relacionamento e os sentimentos serão prejudicados.

Como ressaltamos na seção anterior, os sentimentos e as sensações podem lhe permitir reconhecer essas oscilações na qualidade de seu pensamento momento a momento. À medida que seu pensamento deixa de ser saudável, seus sentimentos lhe dirão isso através do desconforto. Se você percebe a fonte de sua experiência como saindo de seu pensamento, fará sentido mudar seu pensamento. *Mas você não precisa mudar ativamente seu pensamento. O pensamento tem um sistema de sabedoria embutido que vai prevalecer.*

O salto da fé

Confiar em sua sabedoria exige um salto da fé. Não há "técnicas" para fazer isso acontecer. Cada vez que confronta um momento de verdade, em que parece ter uma opção, você pode dizer: "Posso continuar a me preocupar com isso ou posso relaxar e confiar que na mente tranqüila vai surgir a resposta ou os pensamentos de que preciso." Não há garantias de que haverá uma resposta. Você apenas tem de confiar que isso vai ocorrer, para ver o que acontece. Cada vez que faz isso, sua fé se torna mais forte. Você sabe então que a sabedoria está aí, do seu lado, orientando-o pela vida.

Ao longo dos anos, desde que ouvi essas idéias pela primeira vez, tive de descobrir por mim mesmo a verdade desses princípios. A cada tentativa foi se tornando mais fácil, até o ponto em que agora não tenho mais a menor dúvida de que os pensamentos certos vão aflorar. Saber disso me proporciona paz de espírito. Ninguém pode dar esse passo por você. Cada um precisa dar o salto da fé e descobrir *por si mesmo* o poder do pensamento, em particular o poder da sabedoria.

A natureza evolucionária da sabedoria

Como cada um de nós possui esse fluxo de sabedoria embutido, podemos aprender como é relaxar, à medida que avançamos pela vida. Enquanto mais e mais pensamentos sábios lhe ocorrem no momento, eles tenderão a desenvolver seu nível de compreensão da vida. À medida que aumenta seu nível de compreensão, você passa a considerar em termos menos pessoais, vê a realidade como saindo de dentro para fora, e vive com mais fé. A recompensa por isso é seus sentimentos se aprofundarem. Assim, você experimenta mais alegria, amor, contentamento e paz do que jamais imaginou que fosse possível. Não há limite para o nível de compreensão à nossa disposição. Sua vida continuará a se tornar cada vez melhor à medida que a compreensão se aprofundar.

Como ler este livro

O objetivo deste livro é ajudá-lo a aumentar seu nível de compreensão de como a vida é criada... como você é o pensador e criador de sua realidade. À medida que a compreensão aumenta, sua mente se torna mais tranqüila, e sua vida se tornará mais controlável e bem-sucedida. Lembre-se de que a vida vem de dentro para fora.

Em vez de escrever um livro de auto-ajuda passo a passo ou um livro teórico sobre a mente, decidi escrever um livro de histórias sobre a vida cotidiana para ilustrar esses princípios. Nas páginas seguintes, você vai encontrar 37 histórias que transmitem a compreensão do que apresentei nesta introdução. Cada história terá um princípio, orientação, conceito ou indicação sobre a maneira de romper o frenesi do mundo de hoje. As histórias serão sobre os desafios que a maioria das pessoas enfrenta no dia-a-dia:

ficar retido num engarrafamento, afligir-se com um prazo inadiável, levar as crianças à escola no horário, lidar com um problema no computador, e muitas outras situações da vida mais graves. Essas histórias baseiam-se em pessoas reais, mas os nomes foram trocados, para proteger seu anonimato.

Você pode ler as histórias em qualquer ordem. *Sugiro que leia esta introdução primeiro, e depois volte a consultá-la de vez em quando para aprofundar sua compreensão dos princípios.* Os princípios são simples, mas às vezes difíceis de serem absorvidos no início. Enquanto lê cada história, os princípios latentes virão à tona para você. Mais importante ainda, enquanto você prossegue em sua vida cotidiana, começará a perceber os princípios em ação, em si mesmo e nas outras pessoas.

Leia as histórias como leria um romance, não como se fosse um livro didático. Em outras palavras, não se pressione a "entender tudo". Quando sua mente estiver relaxada, a verdade da mensagem vai aflorar entre as linhas. As fábulas, lendas e histórias infantis são muitas vezes a fonte mais profunda de verdade. São agradáveis de ouvir ou ler, mas o significado mais profundo muitas vezes só é absorvido mais tarde. Este é um livro de histórias modernas que todos podemos identificar. Contam-nos como encontrar a sanidade e uma mente tranquila num mundo frenético.

A promessa de escapar da armadilha da pressa

Ao absorver esta mensagem, você:

- Vai aprender a diminuir o ritmo e aproveitar cada momento.
- Vai aprender a encontrar a calma interior, mesmo no frenético mundo de hoje.
- Vai começar a confiar que sua sabedoria o orienta pela vida, em cada passo do caminho.
- Vai compreender que pode pôr a preocupação de lado, porque sua percepção vai protegê-lo.

- Vai descobrir que, ao contrário do que diz a sabedoria convencional, sua produtividade e eficiência aumentarão à medida que sua mente diminuir o ritmo.
- Vai compreender que outras pessoas, por mais deprimido que seja seu ânimo ou negativo seu comportamento, não precisam estragar seu dia.
- Vai saber como encarar com calma e determinação as "crises" diárias que acontecem com todas as pessoas e como resolvê-las com bom senso, em vez de ter uma reação emocional.
- Vai descobrir que não precisa renunciar a seu estilo de vida ou viver no campo para ter paz de espírito.
- Vai descobrir que viver o momento é a melhor preparação para o inesperado.
- Vai saber com certeza, pela experiência, que pode ser feliz.

1. O gramado do vizinho é sempre mais verde ou preciso de óculos novos?

Quando nos sentimos infelizes, muitas vezes começamos a fantasiar, de uma maneira natural, como nossos problemas acabariam "se ao menos". *Se ao menos eu pudesse me mudar para o campo e me livrar da agitação da vida na cidade grande... Se ao menos eu pudesse largar meu emprego e fazer algo mais simples, como ser guarda-florestal num parque nacional... Se ao menos eu pudesse sair deste casamento, que não está dando certo, e encontrar alguém que realmente me compreenda...*

Infelizmente, com uma freqüência excessiva, largamos o trabalho estressante ou deixamos o casamento infeliz só para nos descobrirmos depois numa situação similar ou até pior. Por que isso acontece?

A busca de soluções externas para nossos problemas psicológicos não dá certo. Em outras palavras, se não mudamos nosso pensamento, levaremos esse pensamento para o trabalho ou casamento seguinte, ou para a nova casa no campo. Nossa experiência de vida é criação do nosso pensamento⇨percepção⇨emoção⇨comportamento. Isso não significa que as pessoas nunca devam trocar de emprego ou carreira, mudar para uma casa melhor ou mesmo encontrar outra pessoa mais interessante. Significa apenas que nada muda no exterior se nada mudar por dentro, onde a experiência é criada — em sua mente.

Doug procurou-me em busca de ajuda, com vários problemas. Estava estressado além do seu limite. Não conseguia dormir à noite, detestava a empresa em que trabalhava e as pessoas com quem trabalhava, tinha explosões de raiva no trabalho e não conseguia manter qualquer relacionamento significativo. Para Doug, parecia que tinha o emprego errado e vivia no estado errado, que seus problemas eram o resultado desses fatores. Nos últimos dez anos, ele trocara de emprego cinco vezes, mudara de casa quatro vezes e fracassara em numerosos relacionamentos.

Doug fantasiava mudar para o Colorado, arrumar um emprego num centro de esqui e simplificar sua vida agitada. Ganhava muito dinheiro em seu trabalho, mas o estresse fazia com que não valesse a pena. Sabia também que o tempo estava passando. Procurou-me porque queria ter certeza de que não se arrependeria de sua decisão mais tarde.

— Todo mundo aqui vive me pressionando — declarou Doug. — Ninguém tem respeito por meu tempo, minhas prioridades ou responsabilidades. Mas todos querem ser respeitados. Pois podem ficar com o emprego e enfiar onde quiserem!

Essa era a queixa típica de Doug. Mas, à medida que ele começou a compreender os princípios descritos neste livro, sua visão do emprego e das outras pessoas foi pouco a pouco mudando.

A encruzilhada na estrada

Um dia Doug chegou à conclusão de que o relacionamento com seu supervisor se desgastara por completo. *Mais uma exigência descabida e ele vai ver só o que acontece*, resmungou Doug para si mesmo. *Pedirei demissão.*

Não demorou muito para que o supervisor lhe pedisse que cancelasse outros planos e voasse para a Flórida no dia seguinte; era uma emergência.

— Estou cansado de suas exigências! Quem você pensa que eu sou? Um idiota?

Com essa explosão, Doug deixou a sala do supervisor, foi para o estacionamento, pegou o carro e partiu em alta velocidade. Dois quarteirões depois foi detido por um guarda, já que andava a oitenta numa área com o limite de velocidade fixado em cinqüenta.

Nesse momento, sentado em seu carro, Doug compreendeu que perdera totalmente o controle, não podia haver a menor dúvida de que se encontrava num modo de pensar não-saudável. Mais uma vez, tomara uma decisão impulsiva, num acesso de raiva, reagindo a uma situação. Todas as suas reflexões sobre deixar o emprego pareceram aflorar naquele instante. *O que estou fazendo?*, ele se perguntou. *É realmente o que eu quero? Ou estou exagerando?* E de repente tornou-se absolutamente claro para ele que tivera uma "insanidade temporária" e agira com base num pensamento não-saudável.

Quando o guarda lhe entregou a multa, Doug agradeceu pelo toque de despertar. O guarda afastou-se na maior perplexidade, sem entender por que alguém agradeceria por uma multa.

Doug compreendeu subitamente que aquela era mais uma das numerosas ocasiões em que se metera numa situação crítica por ter uma intensa reação emocional, ao pensar que "eles" estavam arruinando sua vida. Tornou-se evidente para ele que considerava tudo em termos pessoais e que era seu pensamento que acarretava a reação emocional. Um fluxo de memórias e percepções o envolveu. Viu aquele padrão ao longo de toda a sua vida, com a família, os chefes, as namoradas, outros empregos. Era sempre "culpa deles". Seu único recurso era escapar dessas influências negativas. O que parecia ser sua opção agora, mais uma vez... até o momento em que fora multado por excesso de velocidade. Doug voltou e pediu desculpas a seu superior.

— Sinto muito ter reagido daquela maneira. Foi um absurdo. Estarei na Flórida amanhã.

Isto feito, Doug começou a se sentir bem com a perspectiva da viagem. Até decidiu levar seus tacos de golfe e aproveitar o fim de semana para se divertir um pouco. *Tenho muita sorte por estar num emprego em que posso sair deste inverno gelado e ir para a Flórida*, pensou ele, enquanto passava pela porta, assoviando.

No avião de volta da Flórida, Doug sentiu um fluxo de sentimentos agradáveis, ao refletir o quanto gostava de seu emprego, ainda mais agora que compreendia onde se encontrava de fato o poder sobre sua raiva e felicidade. *Estou contente por não ter deixado o emprego. Mas foi por pouco. Não posso deixar de pensar em quantas outras áreas da minha vida tenho me comportado da mesma maneira,* pensou Doug. *Acho que o gramado do vizinho só parecia mais verde porque eu precisava de um novo par de óculos!*

O princípio na prática

Com o toque de despertar da multa por excesso de velocidade e a percepção de que sua experiência era criada em seus próprios pensamentos, Doug recuperou a liberdade e a responsabilidade por sua própria vida. Compreendeu que a fonte de sua felicidade estava dentro dele durante todo o tempo. A pressão que "eles" faziam para "deixá-lo com raiva" vinha na verdade do próprio Doug, de dentro para fora. Quando compreendemos o poder do pensamento para criar nossas emoções, não precisamos renunciar ao que amamos para encontrar a felicidade.

A história de Doug me lembra a fala final de *O Mágico de Oz*, quando Dorothy diz a Glinda o que aprendeu com suas aventuras: "Acho que não era suficiente apenas querer ver tio Henry e tia Em. E se algum dia eu procurar outra vez pelo meu maior desejo, não precisarei procurar além do meu quintal. Porque, se não estiver ali, eu nunca perdi de verdade. Estou certa?".

E Glinda responde: "Claro que está".

A felicidade está dentro de você.

---

2. Jogando pela lição

JAY FICOU CHOCADA E UM POUCO HUMILHADA quando foi derrotada por uma mulher de seu clube de tênis chamada Sally, muito menos hábil no jogo. Depois da partida, uma das amigas de Kay comentou:

— Sally deve ser uma estrela em ascensão no tênis para conseguir derrotá-la.

— Ela não é tão boa assim — lamentou Kay. — Eu é que me derrotei. Perdi o jogo na cabeça, não na quadra.

Kay é uma atleta muito competitiva. É excelente nadadora e também pratica windsurfe. Em sua faixa de idade, é uma das melhores tenistas da região. No ano anterior estava em grande forma, ganhando vários torneios. O mais irônico era que não se empenhava a fundo. Jogava apenas para se divertir.

Até que no último aniversário ela leu as cartas do tarô, um ritual anual. As cartas disseram que teria um ano excepcional. *Isso significa que posso me sair muito bem nos torneios de tênis este ano*, pensou ela. *Dobrarei meus esforços, treinarei mais, vou me empenhar com afinco. Afinal, no ano passado, quando eu apenas me divertia, tive um ótimo desempenho.*

E bem que ela tentou. Estudou técnicas em vídeos e livros de tênis. Treinou com afinco, levando tudo muito a sério. Parou de tomar a habitual taça de vinho na noite anterior a uma partida, passou a fazer uma alimentação mais saudável, tratou de se manter no auge da forma.

Em vez de relaxar na noite anterior ao grande torneio anual, como costumava fazer no passado, Kay pegou os livros de tênis e estudou-os, como se estivesse se preparando para uma prova final. No dia seguinte pensou, confiante: *Hoje vai ser meu grande dia!*

Durante a partida, não parava de tentar lembrar o que lera, analisando cada lance. Por algum motivo, estava fora do ritmo, a cabeça parecia atrapalhar seu desempenho. Sentia-se muito tensa e não se divertia nem um pouco. E seu jogo refletiu tudo isso.

A encruzilhada na estrada

Depois de perder para sua adversária menos hábil, ocorreu um pensamento a Kay: *Quando não me empenhava tanto, jogava melhor do que depois que dobrei meus esforços. Por quê?*

E de repente lhe ocorreu a resposta: *As cartas do tarô diziam que seria um grande ano. Estavam certas. Acabo de aprender uma das* lições mais importantes da minha vida. Quando estou me divertindo, sem seriedade demais, quando não estou analisando cada lance, meu desempenho é muito melhor. Era a isso que as cartas se referiam ao dizerem que seria um grande ano.

O princípio na prática

Kay aprendeu uma importante lição. Quando seu pensamento na quadra de tênis era esforçado e analítico, ela cometia erros, carecia de criatividade e não reagia como devia à adversária. E isso se aplicava a todas as áreas de sua vida. Sempre que se baseava no processo de pensamento intelectual e não no intuitivo, a vida era menos divertida, ela se tornava menos eficiente e não se sentia tão feliz. Quando deixava tudo fluir naturalmente, as técnicas e habilidades vinham sem esforço, sempre que precisava.

Estamos sempre pensando, mas a qualidade do nosso pensamento muda constantemente. Quando nosso pensamento é sério, analítico e trabalhado, torna-se restrito, habitual e menos espontâneo. E quando somos analíticos, a impressão é de que pensamos *intencionalmente*. Mas, quando nossa mente está relaxada, *permitimos* o fluxo dos pensamentos. Nesse estado mental relaxado, os pensamentos certos parecem surgir do nada, no momento exato em que precisamos.

Quando você respeita esse processo de fluxo de pensamento, que se tornou conhecido como "a zona", passa a experimentar a reação natural a todas as situações da vida. A compreensão do poder de sua mente para criar esse tipo de pensamento é o segredo para ser um atleta vitorioso ou mesmo apenas para levar uma vida feliz.

Jogar e viver na zona é natural e fácil depois que você aprende como sua mente funciona e como o pensamento cria suas experiências. Tudo o que você tem de fazer é confiar nele.

3. Sobrevivendo a uma fusão e a um *downsizing* com êxito

GINNY TRABALHAVA COMO TÉCNICA DE LABORATÓRIO no mesmo hospital há 20 anos. Quando seu hospital se fundiu com outro, há cinco anos, o clima no trabalho tornou-se tenso e incerto, hostil e territorial, dominado pelo medo. Para ajudar os empregados a lidarem com todas as mudanças e facilitar a integração dos dois sistemas, a direção contratou uma empresa de consultoria e ofereceu-lhes seminários sobre prevenção do estresse e como absorver a mudança de maneira eficaz.

Há três anos, as mudanças continuavam, à medida que cada departamento tinha de adotar providências para diminuir os custos. No pequeno departamento de Ginny, o gerente, o gerente-assistente e o supervisor foram todos despedidos no mesmo dia. Ela e seus colegas ficaram revoltados, sentindo-se abandonados, na maior incerteza. Quem tomaria as decisões? Quem determinaria a carga de trabalho de cada funcionário? A quem poderiam recorrer quando surgisse algum problema? Eram essas as questões que atormentavam Ginny e seus colegas.

Nessa ocasião, um dos seus colegas, Jeff, compareceu a um dos seminários patrocinados pelo hospital, sobre estresse e mudança. Voltou muito entusiasmado, como sempre ocorria ao retornar de seminários e férias. Como de hábito, Ginny e seus colegas o ignoraram. Ficaram esperando que Jeff voltasse ao normal. Inicialmente, Jeff pendurou cartazes na área de trabalho com frases como "O pensamento cria realidade". Também tentou explicar aos colegas como seria fácil mudarem de atitude. Não estavam interessados.

Com o passar do tempo, Jeff compreendeu que precisava apenas pôr em prática o que aprendera. Não devia se preocupar com os colegas, por mais que pensasse que seria valioso para eles também tudo o que aprendera. Compreendeu que seu bem-estar mental não dependia de os colegas mudarem também. Em conseqüência, Jeff passou a cuidar de sua própria vida e tratou de mudar sua atitude. Prestes a ter uma reação emocional ao último pronunciamento da direção ou a um conflito em potencial com um dos colegas, Jeff fazia um esforço para se controlar e mantinha a boca fechada. Deixava a sala até se acalmar.

Ginny e os outros puseram-se a especular se ele não teria tomado a "pílula da felicidade", porque seu ânimo mudara de uma maneira drástica. Quando falava, Jeff tinha em geral alguma coisa sábia e confortadora para dizer, que servia para acalmar os outros também. Como Ginny me disse:

— Ele ajudava todos nós a nos tornarmos mais calmos, mais confiantes, com mais espírito de equipe. Mas sequer percebíamos que ele estava fazendo isso.

Depois de algum tempo, Ginny observou que a nova atitude de Jeff não se alterava. Trabalhavam juntos há quase 20 anos. Ela pensava que sabia como Jeff era, mas ele se tornara uma pessoa calma e feliz; deixara de ser agressivo, negativo e cético. *Se Jeff pode mudar tanto*, pensou Ginny, *talvez eu deva aprender o que ele aprendeu.*

A encruzilhada na estrada

Ginny foi a um dos seminários patrocinados pelo hospital. Todas as idéias que Jeff vinha partilhando com ela e usando na prática começaram a adquirir sentido enquanto ela ouvia. Ginny compreendeu que sua intensa natureza emocional derivava de não reconhecer a fonte de sua experiência: o próprio pensamento. Ela sabe agora por que é importante se acalmar primeiro para depois agir, decidir ou reagir. Seu hábito era explodir à menor provocação e resolver a confusão mais tarde. Depois da primeira noite do seminário, ela relatou o que estava aprendendo às duas filhas adolescentes. Elas disseram:

— Mamãe, há muito tempo que tentamos lhe dizer isso. Você precisa apenas esfriar.

Ginny detestava admitir, mas as filhas tinham razão. Ela respondeu:

— Sei que é verdade o que estão me dizendo. Mas antes eu não entendia que tinha uma opção. Achava que vocês não compreendiam nada. Quando tivessem as responsabilidades que eu tenho e começassem a trabalhar num emprego de verdade, eu dizia a mim mesma, compreenderiam por que eu tinha de reagir daquela maneira.

O departamento de Ginny mudou de maneira espetacular, para melhor. Embora dois técnicos e três administradores tivessem sido dispensados, tornou-se agora mais eficiente do que nunca. Eles eram capazes de realizar o mesmo trabalho que antes, senão mais, com menos pessoas. Haviam se acostumado a conviver com decisões do chefe que muitas vezes eram irrelevantes, sem levar em conta o que o trabalho acarretava. Agora, eles próprios tomavam todas as decisões, como uma equipe, e sabiam com que variáveis lidavam. De alguma forma, sem muito esforço, cumpriam os prazos, absorviam os aumentos eventuais da carga de trabalho e cuidavam de outros detalhes. Tudo parecia uma questão de bom senso. O clima no departamento é agora calmo e cooperativo. Há um sentimento de prestar um serviço valioso aos pacientes e à equipe médica. Ginny partilhou comigo como se sente em relação a todas essas mudanças:

— Passei algum tempo preocupada, achando que tudo aquilo passaria em breve. Mas não foi o que aconteceu. A cada dia, torna-se mais profundo para todos nós. No seminário, tive vontade de me levantar e partilhar o tremendo impacto daqueles ensinamentos em mim. Mas sabia que começaria a chorar, não seria capaz de dizer qualquer coisa. Não porque me sinto triste, mas porque me sinto agradecida. Só posso comparar aos sentimentos que tenho no momento de dar à luz... total alegria.

O princípio na prática

Conversei há pouco tempo com a diretora do departamento de treinamento do hospital de Ginny. Ela achou que a história de Ginny exemplificava o tipo de mudança que a administração esperava ao se empenhar pela melhoria do clima de relações humanas no hospital. Fora difícil no início convencer a direção do hospital a assumir aquele tipo de programa de longo prazo. Mas os resultados compensaram em termos de aumento em moral, comunicação e produtividade. O hospital expandiu seu programa para toda a comunidade e vem patrocinando seminários para agências do governo, empresas e escolas.

A aplicação dos princípios do bem-estar mental à mudança organizacional exige um compromisso de uma mudança de atitude a longo prazo, não apenas uma rápida alteração. A mudança organizacional ocorre para uma pessoa de cada vez, como aconteceu com Jeff e depois com Ginny. Mas, quando uma pessoa muda, oferece esperança a todos ao seu redor. Antes mesmo de Ginny mudar, a atitude calma e a sabedoria de Jeff já haviam causado um efeito positivo no grupo de trabalho. As reuniões se tornaram mais descontraídas e positivas, ficou mais fácil para todos chegarem a um acordo sobre as decisões. Depois que ocorre uma massa crítica de mudança de atitude, há uma transformação em toda a cultura da organização.

As pessoas possuem um desejo inato de se sentir felizes. Muitas renunciaram à esperança de que é possível ser feliz, especialmente no trabalho. Compreender que a felicidade vem de uma fonte interna, não de seu chefe ou colegas de trabalho, é uma revelação que pode nos libertar, como aconteceu com Ginny, de culpar a tirania da organização por nosso estado mental. Fatos como decisões de política administrativa, fusões e diminuição do pessoal podem escapar ao nosso controle, mas sempre podemos controlar o mais importante de tudo: nosso próprio bem-estar mental. E podemos fazer isso, como aconteceu com Jeff e Ginny, quando adquirimos a compreensão de nossa mente.

As mudanças organizacionais positivas e permanentes ocorrem com uma pessoa de cada vez.

4. Colocando alegria no que você faz

Muitas pessoas têm o hábito de protelar a satisfação pessoal: esperamos até concluir a lista de coisas para fazer antes de nos permitirmos desfrutar o prazer na vida. Quando acreditamos que nossa felicidade, auto-estima e valor para desfrutar a vida são dependentes da realização, o trabalho e as tarefas se tornam chatos. Em vez disso, porém, podemos optar por sentir prazer em tudo o que fazemos, por mais insignificante que seja.

Conheci Liz no dia do lançamento de um dos meus livros. Uma mulher idosa, Liz passou grande parte de sua vida empenhada na busca pela paz de espírito. Lera inúmeros livros de auto-ajuda, estudara meditação e outras técnicas. Durante minha apresentação, comentei que qualquer coisa na vida podia ser agradável, até mesmo lavar a louça, porque todos os eventos são neutros: é apenas nosso pensamento que os julga bons ou maus. Depois que fiz o comentário, Liz ergueu a mão, muito excitada.

— Entendi tudo o que disse até este ponto. Mas não posso me imaginar gostando de lavar louça. É uma coisa que detesto. Como posso encontrar prazer em fazer uma coisa tão insignificante? Se algum dia eu conseguir aprender a gostar de lavar pratos, saberei que esse método novo de que você fala realmente funciona.

No mesmo instante outra pessoa na audiência levantou-se e falou:

— Adoro lavar louça. É quase como uma meditação para mim. Deixo a mente vaguear e começo a sonhar. Não me apresso porque me proporciona o maior prazer.

Ao que Liz protestou:

— Você deve ter perdido o contato com a realidade. Ninguém em seu juízo perfeito pode gostar de lavar louça!

Ela sacudiu a cabeça em incredulidade e aversão. Tive dúvidas, diante de seu nível de convicção sobre a chatice inerente de lavar louça, se Liz algum dia mudaria de idéia. Logo comecei a receber telefonemas de Liz. Ela queria saber mais, e perguntou se poderia comparecer a meu próximo seminário. Respondi que sim, mas nunca imaginei que ela iria mesmo.

Mas no primeiro dia do seminário de quatro dias deparei com Liz na primeira fila, ansiosa em aprender mais, aos 81 anos de idade. Admito que me senti um pouco intimidado quando a vi, por causa das inúmeras perguntas que ela fizera na ocasião do lançamento de meu livro. Pensei até que ela poderia prejudicar o andamento dos trabalhos. Para minha surpresa, isso não aconteceu. Ao final do seminário, Liz se tornara um sucesso tão grande que comentei, brincando, que lhe pagaria para participar de todos os outros. Fora inestimável a contribuição que ela dera, com seu humor e sabedoria.

— Quero dar um depoimento espontâneo — anunciou ela, em seu tom seco característico.

Apreensivo, acenei com a cabeça para que ela falasse.

— Durante toda a minha vida detestei lavar louça. Quando Joe disse que tudo na vida era neutro, apenas nosso pensamento faz com que cada coisa seja boa ou má, tive certeza de que ele estava errado pelo menos numa coisa: lavar louça. Podia fazer sentido para coisas maiores na vida, mas na minha mente lavar louça era como limpar o vaso sanitário, inerentemente desagradável. Mas decidi manter a mente aberta. Passei a aplicar os princípios de reduzir o ritmo para o momento em tudo na minha vida. Um dia, quando precisava lavar a louça, resolvi fazer uma tentativa. Decidi que cada vez que tivesse um pensamento negativo sobre lavar a louça ia considerar que se tratava apenas de um hábito da vida inteira, que talvez eu estivesse enganada. Abri-me para a possibilidade de que, mesmo aos 81 anos de idade, com décadas de experiência de detestar lavar louça, talvez eu estivesse enganada. Afinal, até meu marido começara a parecer mais sensual. Se sua aparência podia mudar de um velho encarquilhado para um idoso sensual, talvez o ato de lavar louça também pudesse mudar!

A encruzilhada na estrada

Ali estava eu, parada diante da pia — continuou Liz —, quando compreendi de repente que desperdiçara muito tempo, me sentindo desesperada até acabar de lavar a louça. E minha breve satisfação ao concluir a tarefa logo desaparecia, porque meu marido recomeçava a sujar coisas no instante seguinte. O medo voltava. Comecei a perceber que essa angústia de lavar a louça me privara de muita felicidade ao longo da vida. Foi um absurdo ter me permitido tanto sofrimento por não gostar de lavar a louça. Desatei a rir e tenho apreciado lavar a louça desde então.

O princípio na prática

Assim como Liz costumava se sentir em relação a lavar a louça, a maioria das pessoas tem tarefas que teme e mal pode esperar para acabar, a fim de fazer coisas mais divertidas. Por isso, acabamos adiando nosso prazer até completarmos a tarefa detestada. Em algum ponto, aprendemos ou presumimos na maior inocência que algumas coisas são inerentemente desagradáveis e, portanto, estressantes, horríveis ou repulsivas. Passamos a aceitar que há algumas coisas na vida que precisam ser feitas, quer gostemos ou não; e a única alegria é fazer logo de uma vez e acabar o mais depressa possível. O resultado é que, sem perceber, nos privamos de muitas horas de satisfação. Vivemos em angústia... e tudo por um pensamento que inventamos.

O que Liz compreendeu foi o seguinte: *Sua maneira habitual de pensar sobre lavar louça é que era desagradável... não a tarefa em si.* Liz pensava que seu receio vinha do fato de que lavar a louça era uma tarefa inerentemente desagradável. Nunca lhe ocorrera que o pavor tivesse qualquer coisa a ver com seu pensamento.

Três coisas criaram uma mudança na percepção de Liz: 1) ela queria ser feliz; 2) estava disposta a considerar que sua felicidade (ou infelicidade) era a criação de seu pensamento; 3) observou seu pensamento. Quando nós, como Liz, podemos reconhecer nosso pensamento no momento — mesmo quando esse pensamento é um hábito da vida inteira —, ele perde seu poder de tirar nossa felicidade.

Que tarefas na sua vida ainda o privam de momentos felizes até concluí-las?

Tire a chatice de sua vida... limpe seus pensamentos!

---

5. Pensamento positivo não é suficiente

JERRY É UM BEM-SUCEDIDO CONSULTOR DE EMPRESAS e conferencista sobre motivação. Agora na casa dos 40 anos, passou os últimos vinte e tantos anos aperfeiçoando suas habilidades e aprendendo tudo o que podia sobre auto-ajuda e sucesso. Comparecia inclusive a todos os seminários sobre pensamento positivo e motivação, de Anthony Robbins a Stephen Covey. Nos últimos dez anos, também foi um dedicado estudioso dos princípios apresentados neste livro. Sempre se julgou o "Mister Pensamento Positivo", e é considerado bem-sucedido pela maioria dos padrões.

No outono passado, Jerry começou a experimentar uma séria crise de saúde, que acabaria mudando sua vida. Há muitos anos sofria de colite ulcerativa, mas aquele acesso realmente o derrubara. Acamado por vários meses, tornou-se totalmente dependente da esposa. Não podia sequer se recostar na cama ou sentar no sofá sem ajuda. Assustado com seu estado, Jerry perguntou ao médico da família o que podia fazer. O médico respondeu:

— Infelizmente, Jerry, não vejo um prognóstico muito positivo para você. As pessoas com a sua personalidade agitada não costumam mudar e, enquanto continuar como é, estará propenso a essa doença. Seu cólon reage ao estresse de seu estilo de vida. É bem provável que você perca o cólon algum dia ou morra de câncer no cólon.

Horrorizado e chocado com esse pronunciamento sinistro, Jerry pensou: *Essa não! O que fiz comigo? Como pude deixar que isso me acontecesse? Sei como ser feliz e calmo. Ensino aos outros melhor do que quase qualquer outra pessoa. Mas sei que é verdade... e caí doente por causa do meu estilo de vida frenético e ritmo acelerado.*

À medida que refletia mais, Jerry compreendeu que há anos seu médico vinha lhe dizendo que o estresse era a causa de sua colite e da sangradura das gengivas. Mas ele sempre se recusara a acreditar. Na verdade, até se sentia ofendido com o médico por insinuar isso para o "Mister Pensamento Positivo". Subitamente, ele compreendeu que sua negação era absurda.

A encruzilhada na estrada

Forçado a ficar na cama por tanto tempo, a mente de Jerry começou a diminuir o ritmo frenético. Um novo senso de calma o envolveu. Ele me relatou o que aconteceu:

— Depois de tanto tempo na cama, meu pensamento cedeu. Comecei a me acalmar, a diminuir o ritmo. Gostei do novo ritmo de minha vida, embora não me agradasse nem um pouco a dor que me forçara a isso. Mas comecei a perceber que a doença era o meu toque de despertar... uma bênção sob disfarce. Depois que cheguei a essa conclusão, jurei que um ritmo mais sossegado seria uma prioridade em minha vida. Para mim, uma vida sossegada seria tão importante quanto o sucesso. Deitado ali, passei a pensar que deveria sair de cena quando me encontrava no auge da carreira, não quando estivesse em declínio. Assim que fiquei saudável o suficiente para voltar ao trabalho, comecei a recusar negócios e a limitar minhas palestras a uma hora e meia, mas mantendo meus honorários no mesmo nível. Para minha surpresa, ninguém se queixou. Na verdade, passei a ter mais convites do que antes, com uma porcentagem menor de esforço. Subitamente, compreendi que poderia ter sucesso e uma vida mais calma também. Ocorreu-me que minhas convicções haviam limitado meu sucesso e me obrigado a um estilo de vida absurdo, que destruía minha saúde. Agora, só lamento não ter compreendido isso dez anos antes.

Em retrospectiva, Jerry compreendeu que o estresse era invisível para ele. Disfarçara-o como uma coisa positiva, chamando de paixão, foco, intensidade, todas as palavras-chave do mundo motivacional. E ele enganara a si mesmo, acreditando que o estresse era necessário se quisesse ter sucesso.

— Eu já compreendia os conceitos do bem-estar mental — explicou-me —, mas apenas num nível intelectual. Foi o choque de ficar doente que me desanuviou a cabeça. Subitamente, tive uma visão radiográfica dos princípios. Comecei a compreendê-los de fato.

— Há pouco tempo recebi um telefonema de um cliente que me disse: "Jerry, tenho um negócio que pode lhe proporcionar muito dinheiro." Comecei a ficar animado, depois, no entanto, tive a antiga sensação familiar. Comecei a acelerar, todo o meu corpo vibrou no fluxo de adrenalina. Lembrei então o que aprendera sobre ouvir meus sentimentos e sensações como um sinal, que era meu corpo tentando me avisar que meu pensamento entrara em ritmo acelerado. Às vezes posso observar isso acontecendo de imediato, outras não. Mas se não vejo no mesmo instante em meu pensamento, vai se manifestar em meu sistema digestivo. Sei então que é um sinal para recuar. Ouço a mim mesmo, reflito sobre o que fazer, em vez de reagir por hábito. Também sinto que recupero minha consciência. Minha mente andava tão ocupada que não notava o que as pessoas ao meu redor sentiam... ou o impacto que eu causava nelas.

O princípio na prática

Desde que Jerry escapou da armadilha da pressa, descobriu não apenas sua consciência, mas também os sentimentos mais profundos e positivos que vêm com uma mente mais tranqüila. Antes, limitava-se a pregar sobre saúde mental e como era viver num estado de bem-estar, mas agora vive realmente assim e colhe os benefícios de sua compreensão.

Há muita coisa que podemos aprender com a história de Jerry, a fim de experimentar nossa própria compreensão da saúde. Através da doença, o corpo de Jerry tentava orientá-lo de volta para sua saúde mental inata, como acontece com todos nós. Quando a mente perde o equilíbrio, com a preocupação, estresse, raiva ou qualquer outra emoção negativa, nós nos sentimos desconfortáveis. Se ignoramos esse desconforto por longos períodos, o problema se torna crônico... e muitas vezes se transforma em doença. Se tratamos os sintomas da doença, mas ignoramos a mensagem que nos transmite, o problema vai persistir, como aconteceu com a colite de Jerry. Muito da doença é autocriada e autoperpetuada apenas porque deixamos de reconhecer que os sentimentos e sensações desconfortáveis são sinais de que há alguma coisa fora de equilíbrio... a dieta, o estilo de vida ou *nosso pensamento*.

Jerry foi bastante afortunado ao reconhecer o princípio básico de que o pensamento cria experiência quando ocorreu seu toque de despertar.

A doença é a maneira de o corpo nos comunicar que há algum desequilíbrio. Quando compreendemos os princípios do bem-estar mental, junto com a boa nutrição e o exercício, podemos nos tornar participantes ativos na prevenção da doença. Infelizmente, a maioria das pessoas tem um desconhecimento total da maneira de mudar seu nível de estresse, a não ser suportá-lo ou aliviá-lo em caráter temporário. Armado com uma compreensão dos princípios do bem-estar mental, você terá condições de recuperar sua plena saúde.

Escute seu corpo; ele está ligado a seus pensamentos.

---

6. Rompendo o círculo da preocupação

Parecia que tudo na vida de Mark passava por mudança e deterioração. Ele estava no meio de um divórcio litigioso; e, em parte por causa de sua depressão e incapacidade de funcionar direito, seus sócios tomaram a iniciativa de afastá-lo.

A maneira de Mark considerar a vida era enquadrar tudo numa categoria. Como planejador financeiro, Mark se destacava na análise de balanços e carteiras de investimentos, fazendo projeções baseadas em suas conclusões. Agora, ele se descobriu analisando seu futuro: enfrentar a vida sem a esposa, como se relacionaria com os filhos, a incerteza financeira em decorrência do rompimento da sociedade. Obcecado por esses problemas, sua mente disparava fora de controle, em preocupação, medo e depressão. Havia manhãs em que tinha dificuldade para sair da cama e se vestir. Sentia-se quase paralisado.

Mark passava a maior parte do tempo em estado de pânico, avaliando os resultados de todas as perspectivas possíveis. Procurou um terapeuta que o ajudou a analisar seu passado, como chegara ao ponto em que se encontrava, como podia reagir para sair daquela situação. Tomava doses altas de antidepressivos, chegou a ser hospitalizado por depressão. Apesar de tudo, não melhorava; ao contrário, seu estado era cada vez pior. Quanto mais pensava na situação crítica em que estava, mais se angustiava e mais deprimido se sentia. Para Mark, parecia não haver saída.

A encruzilhada na estrada

Por insistência de um ex-sócio, Mark trocou de terapeuta, passando para uma conselheira que ensinava os princípios saudáveis do bem-estar mental. Ela percebeu que Mark afundava num turbilhão de mudanças na vida, sem qualquer compreensão de como seu pensamento participava de tudo aquilo. A princípio, o que ela dizia parecia simples demais para Mark. Não era fácil para ele deixar para trás seus hábitos de análise e preocupação.

— Eu estava a caminho de mais uma audiência no processo de divórcio — contou Mark. — Ouvia uma gravação sobre o rompimento do hábito da preocupação. Subitamente, todas as idéias que a terapeuta tentava me transmitir adquiriram um sentido óbvio. Foi como se uma lâmpada se acendesse em minha cabeça. Comecei a entender que meu hábito de preocupação não passava disso... um hábito. Compreendi que sempre vivera preocupado. Não era de admirar que estivesse estressado e deprimido! Toda a minha vida começou a mudar. Ainda enfrento um divórcio difícil, mas não reajo da mesma maneira que antes. Não me faço de vítima, não perco tempo a especular por que isso está acontecendo comigo. Apenas lido com uma coisa de cada vez, o que é sempre viável. Em meu trabalho, ainda preciso fazer análises... por exemplo, a análise da situação fiscal de uma empresa ou pessoa física. Não há problema nisso. Mas também sou capaz de reconhecer quando a intelectualização não é mais produtiva. Agora sou capaz de pôr as coisas em fogo lento e deixá-las em segundo plano. É espantoso como meu pensamento se tornou criativo, como a qualidade do meu trabalho mudou. Quando paro de me preocupar com um problema, a resposta surge espontaneamente. E é claro que me tornei muito mais produtivo. Sem falar que sou capaz de dormir.

— E seus sentimentos de depressão? — perguntei.

— Ainda há ocasiões em que me sinto deprimido ou sufocado. Mas agora só fico assim por uma ou duas horas, em vez de semanas a fio. Sou capaz de reconhecer meu pensamento e constatar que estou num ânimo negativo. Eu costumava passar muito tempo tentando controlar resultados que só existiam na minha imaginação. Agora, poupo energia não fazendo isso. Assim que percebo que estou tentando controlar as coisas, paro no mesmo instante. Posso questionar meu pensamento, em vez de confiar no pensamento que não se baseia na realidade. Há vários meses não tomo antidepressivos e me sinto melhor do que em qualquer outra ocasião. Creio que minha vida seria totalmente diferente se não tivesse aprendido esses princípios. Consegui me recuperar na vida profissional, perdi mais de vinte quilos seguindo um programa de exercícios, e me sinto bastante motivado para viver minha vida. Não sei se ainda estaria vivo hoje se não tivesse aprendido isso. Minha maior compreensão é a de que a vida não se enquadra em categorias. Há possibilidades intermináveis agora. Sou voluntário em organizações não-lucrativas, passei a ouvir as pessoas, levanto cedo todas as manhãs para contemplar o sol nascer, sempre admiro cada dia e o que tem a me oferecer. Mal consigo acreditar que a vida pode ser tão alegre e divertida.

O princípio na prática

A preocupação é um hábito para muitas pessoas. Acho que a preocupação é uma tentativa de lidar com o fato de que boa parte da vida é desconhecida. Se você não tem fé que a vida vai acontecer para melhor ou que será capaz de lidar com o que vier, não há opção que não se preocupar... processar e analisar todas as possibilidades.

Quando você começa a confiar no poder da sabedoria e percepção, quando tem uma compreensão da força maior em ação na vida, pode relaxar e reconhecer que exagerou em suas projeções do futuro.

Mark estava acostumado a controlar a vida e a enquadrá-la em categorias explicáveis. Quando o divórcio e os problemas profissionais se tornaram sufocantes, seus antigos mecanismos para enfrentar as crises deixaram de funcionar. Para sorte de Mark, ele foi capaz de aprender uma maneira mais profunda de lidar com o desconhecido na vida. Pôde reconhecer que seu pensamento escapava ao controle, antes que o levasse à exaustão e depressão. Agora, ele é capaz de pôr as coisas na devida perspectiva e perceber as possibilidades ilimitadas que a vida tem a oferecer.

Ao confiar na inteligência interior, em sua sabedoria, Mark descobriu que pode enfrentar as situações mais difíceis. Não é perfeito; ainda pode ser dominado por seu pensamento e ânimo negativos, mas sua depressão é de breve duração. Considera agora o pensamento analítico como um instrumento para determinadas tarefas, não como uma arma a ser usada para julgar a si mesmo e aos outros ou como um meio de determinar o desconhecido.

> *O futuro é desconhecido. Em vez de se preocupar,*
> *tenha fé que sua sabedoria vai orientá-lo.*

7. "Mamãe, há uma tempestade dentro de mim": A visão dos pais sobre os hormônios dos adolescentes

JUDY ESPECULAVA COMO SERIAM os anos da adolescência para seu filho, Dan. Quando ele tinha cinco anos, ela e o pai de Dan se divorciaram. Desde então, ela criara Dan como mãe solteira. Apesar de todas as dificuldades, Judy descobrira que não havia maiores problemas na criação do filho, cuja companhia era sempre agradável. Mas os parentes, vizinhos e amigos a advertiam: "Espere só até ele completar 12 ou 13 anos...". Dan tinha agora 14 anos, e Judy ainda considerava que ser sua mãe era o maior prazer que podia ter na vida.

Porque sua própria adolescência fora um pesadelo, Judy decidira que não repetiria todo o sofrimento pelo qual ela e seus pais haviam passado. Por sorte sua, pouco antes de o filho sofrer o primeiro ataque dos hormônios, Judy aprendeu como sua mente funcionava.

Era uma noite como outra qualquer. Judy pediu a Dan para levantar suas meias. Dan correu para seu quarto. Um momento depois, Judy ouviu seus soluços. Cautelosa, foi até o quarto e sentou na beira da cama. O filho disse:

— Não sei o que está acontecendo comigo, mamãe. Não sei se sinto raiva ou tristeza, não tenho idéia do que ocorre. O que estou sentindo, mamãe? Qual é o meu problema?

A encruzilhada na estrada

Em circunstâncias normais, Judy tentaria argumentar com ele e descobrir o que o incomodava. Ou procuraria dissuadi-lo de continuar naquele ânimo. Mas ela sabia, pelo que aprendera sobre a mente e o pensamento, que deveria ficar quieta, apenas ouvir. Sentia compaixão pelo filho, mas sabia que era melhor não abraçá-lo naquele momento.

— Eu precisava deixar que tudo saísse naturalmente — comentou ela mais tarde comigo.

Depois de algum tempo, Dan murmurou:

— Puxa, mamãe, foi uma coisa horrível. Era como se houvesse uma tempestade dentro de mim.

Agora que Dan estava mais calmo, Judy disse:

— Tenho um plano, Dan. Você está se aproximando da adolescência. Não sei com que freqüência isso vai lhe acontecer ou quanto tempo vai durar, mas tenho certeza de que ocorrerá de tempos em tempos. Aqui está minha proposta para enfrentar a situação. Os hormônios vão se agitar em seu corpo, seu ânimo mudará de repente, terá muitas emoções diferentes. Não há motivo para ter medo ou se preocupar. Continuará a acontecer. Quando ocorrer, não vou tentar persuadi-lo ou argumentar. Apenas esperarei que passe, porque sei que não será realmente você... mas apenas os hormônios se agitando. Depois que passar, se houver alguma coisa a discutir, poderemos conversar. Se não houver, simplesmente seguiremos em frente.

Dan ficou aliviado por sua mãe não reagir à explosão com outra explosão nem encarar o problema em termos pessoais. Ela compreendia. Também ajudou o fato de Judy explicar o que estava acontecendo.

— Está bem — murmurou ele, tremendo um pouco.

Judy abraçou-o nesse momento e disse que o amava. Enfrentariam a crise juntos, garantiu ela. Esse incidente comum poderia ter resultados muito diferentes, como acontece com outros pais e adolescentes. Há pais que tentam argumentar com os filhos. Ou que sentem sua autoridade ameaçada e tentam recuperar o controle. Todas essas opções terminam em batalhas que podem se prolongar por vários anos, muitas vezes causando danos permanentes aos relacionamentos.

O princípio na prática

Ao contrário da maioria dos pais diante de um acesso de raiva adolescente, Judy cuidou da situação de uma maneira que evitou uma escalada. O que Judy sabia e fez, isto é, ficar calma e ouvir até o ânimo negativo passar, como era inevitável, impediu-a de cair na armadilha parental comum de reagir, encarar em termos pessoais, fazer julgamentos, se irritar, dizer coisas para magoar.

Pela história de Judy, os pais podem aprender cinco maneiras básicas de lidar com as oscilações de ânimo dos adolescentes:

1. *Reconheça os ânimos e saiba que vão passar.* Judy é capaz de reconhecer quando Dan entra num ânimo negativo e sabe que é tolice focalizar o conteúdo do que ele está dizendo ou fazendo. Em vez disso, ela espera a tempestade passar.
2. *Não encare em termos pessoais.* Judy sabe que, mesmo quando Dan se mostra belicoso ou desrespeitoso, isso nada tem a ver com quem ela é ou com sua capacidade como mãe. Sua auto-estima não está em jogo.
3. *Mantenha o senso de humor.* Se há uma qualidade necessária para criar um adolescente é o senso de humor. Ou você tem ou fica louco.
4. *Confie no bom senso inato de seu filho.* Com bastante freqüência, os pais não lembram as coisas tolas que fizeram na adolescência ou questionam o julgamento do filho baseado em seu pró-

prio ânimo. Isso faz com que duvidem do bom senso dos filhos. Na maioria das vezes, nossos adolescentes estão sozinhos e só contam com sua sabedoria para orientá-los. Para amadurecer, eles devem aprender a confiar em sua sabedoria e ouvi-la. Reforçar a fé nos seus filhos e no bom senso que eles possuem é um dos maiores presentes que você pode lhes oferecer, se quer ajudá-los a se prepararem para a vida.

5. *Escute.* A maior queixa que ouço de adolescentes é que seus pais não querem escutá-los. Mas ouvir com atenção faz com que um filho se sinta respeitado, dá tempo a você para se acalmar e permite que as percepções dele aflorem à superfície. Escutar é essencial para os relacionamentos.

Ser pai ou mãe é uma das tarefas mais desafiadoras que enfrentamos na vida. Adotar essas orientações simples pode poupar muita angústia e sofrimento para você e seu filho ou filha adolescente, além de proporcionar uma base sólida para o relacionamento nos anos subseqüentes.

Ao lidar com seus filhos, escute, saiba que aquele ânimo vai passar, confie no bom senso deles, não considere em termos pessoais e mantenha o senso de humor.

---

8. A morte de uma pessoa amada

QUANDO O PAI DE SUE MORREU, há cerca de 20 anos, foi uma experiência traumática. Era um homem atlético e saudável, até descobrir que tinha câncer. Durante os seis meses seguintes, Sue observou-o se deteriorar a ponto de ficar como um bebê. Tinha de cuidar dele, prover todas as suas necessidades. Tudo o que ela sentia era medo; tudo o que ela queria era fugir.

Vinte anos mais tarde, Sue amadurecera bastante. Empenhara-se por toda a sua vida numa busca pela felicidade. Tentara superar anos de depressão, ansiedade e alcoolismo. Gastou uma pequena fortuna em terapias, a maioria das quais a fazia voltar ainda mais fundo ao passado. Apesar de tudo, seus problemas se agravavam. Até que um dia sua terapeuta anunciou que aprendera um sistema revolucionário de aconselhamento que lhe seria de grande ajuda. E, enquanto observava a terapeuta se transformar diante dos seus olhos por causa daquele novo sistema, Sue começou a sentir esperança para o seu caso. A terapeuta se mostrava agora mais relaxada, esperançosa e cheia de vida. À medida que aprendeu os princípios do funcionamento saudável de sua mente, com a terapeuta e em oficinas de que participou, Sue também transformou sua vida. Não mais sentia o pesado fardo das doenças mentais que haviam lhe diagnosticado. Em vez disso, começou a se identificar com a essência de seu bem-estar mental.

Finalmente, ela pensou, podia desfrutar a vida. Seria maravilhoso! Sue partiu em férias para Vancouver, com a mãe. As duas nunca se divertiram tanto. Uma noite, pouco depois da volta, a mãe lhe telefonou para se queixar de uma dor nas glândulas. Como a mãe não tinha o hábito de se queixar, Sue insistiu para que ela procurasse um médico. Depois de várias consultas e uma biopsia, constatou-se que a mãe de Sue tinha câncer.

Ela ficou apavorada. As lembranças da morte do pai afloraram em sua mente, fazendo-a entrar em pânico. Não era justo, lamentou Sue. Acabara de recuperar o controle de sua vida, mas agora teria de passar por tudo de novo. Ela se deixou dominar pela autocompaixão.

Depois de refletir sobre a notícia, Sue voltou à cidade natal da mãe, para permanecer em sua companhia. Estava determinada a não repetir a terrível experiência que tivera com a morte do pai. Ao longo dos dois anos seguintes de operações, quimioterapia e radioterapia, recuperação, recaída e morte, Sue ficou satisfeita ao descobrir que seu conhecimento da maneira como o pensamento e os ânimos funcionavam manteve-a controlada e calma. Sabia que havia uma maneira de passar com calma por aquela experiência, independente do resultado.

Sue decidiu que seria positivo, por todos os meios possíveis, o tempo que passaria com a mãe. Aproveitava cada oportunidade para fazer coisas com ela que eram especiais para ambas, como saírem juntas para caminhadas e compras, assistirem televisão todas as noites. Mais importante ainda, ela não fugiu da mãe, em termos emocionais, por causa do medo. Manteve-se *presente* durante dois anos. Viveu cada momento plenamente. Quando a mãe ficava furiosa ou a agredia ao sentir dor, Sue não encarava como um ataque pessoal. Em vez disso, sentia compaixão e paciência.

Pouco a pouco, Sue ensinou à mãe o que aprendera sobre seus ânimos, seu pensamento e sua sabedoria. A compaixão que sentia pela mãe começou a ser retribuída. O vínculo entre as duas foi aumentando ao longo dos anos. O amor que sentiam uma pela outra era intenso.

A encruzilhada na estrada

Dez meses antes da morte da mãe, o médico informou a Sue que o câncer espalhara-se para os ossos e que a mãe tinha menos de um ano de vida. Sue sabia que tinha de contar à mãe. Uma noite, quando as duas estavam deitadas na cama, vendo um programa na televisão, a mãe disse subitamente:

— Sue, não quero mais continuar. Não quero mais sofrer.

— Não se preocupe, mamãe. Não será por muito mais tempo.

Sue revelou então o prognóstico do médico. Começou a chorar, mas notou que a mãe parecia exultante com a notícia. Até radiante. Sentia-se aliviada por saber que havia um fim à vista; estava pronta para morrer. A exultação da mãe despertou Sue, que decidiu que também se sentiria bem. Durante os dez meses seguintes, elas superaram muitos anos de sofrimento em suas vidas ao partilharem amor, alegria e riso. O que mais ajudou Sue foi perceber a total inocência com que a mãe considerava a maneira como vivera. Pois a mãe vivera a vida como a percebia através de seu pensamento: a vida era uma luta difícil que se tinha de suportar. Tudo o que ela podia sentir era compaixão e perdão por si mesma e pelos outros. Pela primeira vez no relacionamento, as duas *ouviram* realmente uma à outra, com toda atenção, sem julgamento, sem tentar promover mudanças uma na outra. Em vez de se concentrar em sua própria tristeza e medo, Sue passou pela experiência sempre presente e desperta em cada momento.

O princípio na prática

Depois de relatar a história, Sue comentou:
— Os princípios da saúde mental foram a cola que me manteve inteira, independente do que a vida pudesse me apresentar. Enfrentar a morte de mamãe sabendo que havia uma essência de saúde dentro de mim permitiu acalmar meu pensamento e viver sem medo. Compreendi que tinha uma opção. Não precisava passar pela experiência da morte de mamãe como fizera na ocasião em que papai morrera. Podia sentir muito medo e angústia ou permanecer num estado de calma e amor.

A morte de pai ou mãe é sem dúvida um dos problemas mais difíceis que os adultos enfrentam. Não há como evitar a dor e a tristeza de uma perda tão grande. Mas, se mantivermos o contato com a nossa essência de saúde enquanto passamos por isso, como Sue fez, podemos apreciar os momentos em que estivemos juntos. Podemos superar as dificuldades no relacionamento, se for necessário, e sentir compaixão pela pessoa agonizante e por todos ao seu redor.

Lidar com a morte de uma pessoa amada é uma das experiências que mais podem promover o crescimento e aumentar o amor. Também pode ser um tempo de divisão e medo. Quando confiamos no poder de nossa saúde mental, a sabedoria vai nos conduzir através da experiência e nos incutir um sentimento de gratidão e amor. Também vai ajudar a nos prepararmos para a nossa própria mortalidade.

Ao descobrir a essência de saúde mental que há dentro de você, é possível até enfrentar a morte de uma pessoa amada com sentimentos de calma, amor e compaixão.

9. Uma empresa encontra o sucesso pela felicidade: A história de um executivo

HÁ SEIS ANOS, UMA GRANDE AGÊNCIA DE PROPAGANDA descobriu-se numa grave crise financeira. Embora tivesse considerável sucesso, estava com financiamentos em excesso e não conseguia pagar os juros de um empréstimo de 125 milhões de dólares. Os credores concederam à agência seis meses para inverter a situação ou assumiriam o controle do patrimônio. Vários outros empreendimentos do dono já haviam sido vendidos para pagar dívidas, e a agência era a próxima na linha de tiro.

O ânimo na agência era de ansiedade, quase de pânico. Os empregados faziam o maior esforço para manter o equilíbrio, apesar das dificuldades financeiras, mas não era fácil. Empenhavam-se ao máximo no trabalho, dia e noite, mas pareciam estar perdendo a batalha, a despeito de todos os esforços. Um dia o diretor-executivo recebeu um telefonema do dono da agência:

— Kurt, eu gostaria que você e seus principais executivos participassem de um curso de bem-estar no próximo fim de semana. Seria ótimo se todos levassem seus cônjuges. Por favor, peça ao diretor financeiro que tome todas as providências necessárias. Creio que isso pode nos ajudar a sair da crise.

Foi tudo o que ele disse. Kurt ficou confuso, sem entender como algo assim poderia ajudá-los na situação em que se encontravam. Mesmo assim, acertou para que todos fossem até uma pequena cidade no estado de Washington, em busca do "bem-estar".

Kurt e os executivos chegaram ao seminário cautelosos e desconfiados. Especulavam se haveria alguma espécie de confrontação ou se aquela era a maneira diplomática que o dono arrumara para anunciar o fim da agência. Suas imaginações escaparam ao controle, enquanto discutiam os possíveis resultados daquele fim de semana.

Apesar das preocupações, o simples afastamento da pressão do dia-a-dia já serviu para acalmá-los um pouco. Havia um clima de férias, por causa da presença dos cônjuges. Os líderes do seminário não contestaram suas atuais estratégias empresariais. O consultor destacado para o grupo ouviu-os e chegou à conclusão de que eram competentes. O objetivo do seminário era explicar como se podia manter um estado mental saudável numa situação difícil.

Ao final do seminário, os executivos sentiam-se revigorados e mais esperançosos, embora não tivessem idéia do motivo pelo qual sentiam-se assim. Nada realmente mudara. Não havia nenhuma estratégia nova para salvar a agência, mas todos sentiam-se mais calmos, com maior confiança em si mesmos e uns nos outros.

Antes de o grupo deixar Washington, o consultor pediu para ter uma reunião individual com Kurt mais tarde.

— É uma boa idéia — respondeu Kurt. — Talvez daqui a dois anos. Mas agora preciso salvar uma agência que está à beira da falência e não tenho tempo para cuidar de meus problemas pessoais.

— Parece-me que você tem uma opção — disse o consultor. — Precisa criar uma nova base para a agência, se pretende inverter a situação. Pode fazer isso de duas maneiras: uma saudável e outra que fará com que todos o detestem. Seu estilo neste momento é abusivo e controlador. Os subordinados sentem muito ressentimento contra você. Por uma questão de justiça, porém, devo acrescentar que você não tem a menor idéia de que é assim.

Chocado, Kurt respondeu:

— Vamos nos encontrar no próximo fim de semana.

A encruzilhada na estrada

No fim de semana seguinte Kurt descobriu como sua personalidade intimidava as pessoas. Sempre fora informado de que sua personalidade agressiva, tipo A, era bastante apropriada para o cargo de principal executivo da agência. Agora, no entanto, ouvia o oposto. Kurt descobriu que seu estilo pessoal era intimidativo não apenas para os subordinados, mas também para sua mulher e filhos.

O consultor propôs um método alternativo, baseado na criação de um saudável ambiente de trabalho e no desenvolvimento da confiança entre os empregados. Intuitivamente, tudo fazia sentido para Kurt, embora parecesse contrário às práticas comerciais comuns. Anos mais tarde, Kurt relatou-me o que aprendera:

— Compreendi que tinha de fazer uma opção entre minha alta pressão habitual de fazer as coisas e uma nova maneira, baseada em calma e sabedoria. Era um salto de fé, mas senti que era certo. Naquele fim de semana comecei a perceber que o mundo é de dentro para fora, que todos criamos nossas realidades com o pensamento. Reagir com calma e sabedoria parecia muito melhor do que minha reação habitual anterior às forças e pressões externas. Durante os anos seguintes, todos na agência aprenderam como operar de um modo mais instintivo e no momento, com uma visão mais criativa, em vez de se aterem a um plano estratégico prévio. A agência muda constantemente e nunca deixa de reagir às oscilações no mercado. Pouco a pouco evoluímos para uma agência que é feliz, além de bem-sucedida. Antes, éramos infelizes... estressados, hostis, reativos. Agora, nosso pessoal gosta de fato do que faz. Não creio que possa encontrar alguém que pense que o trabalho o deixa deprimido.

Perguntei a ele:

— Como a criação de um clima em que os empregados podem ser felizes ajuda uma empresa?

— Várias coisas acontecem. Primeiro, as pessoas deixam de ser tão defensivas. Pessoas que estão felizes deixam as outras à vontade. Antes, todos tinham medo de cometer um erro ou dizer alguma besteira. Agora, confiam uns nos outros e se abrem mais, partilhando idéias, num intercâmbio criativo. À medida que o clima se tornou menos controlador, as idéias passaram a fluir mais. O foco não era mais a política da agência e a competitividade, mas sim a realização de um bom trabalho. A motivação tornou-se um impulso interno, em vez do resultado de promessas de recompensas externas. Descobri que as pessoas com uma motivação interna fazem duas vezes mais na metade do tempo. A tarefa principal dos meus executivos é oferecer um clima em que as pessoas possam ser felizes. Não nos sentimos responsáveis por tornar as pessoas felizes, apenas indicamos como podem conseguir isso por si mesmas. Não precisamos mais ficar tomando conta dos empregados, o que nos deixa mais tempo para realizar o trabalho de fato, que é o de ser criativo nas buscas de mercados e na descoberta de oportunidades. As reuniões dos executivos fora da agência costumavam durar oito horas, eram muito detalhadas e chatas. Agora, duram duas horas no máximo, pois as discussões logo alcançam o maior nível de profundidade, discutindo-se a essência dos problemas. Se você não confia em seus empregados, tem de repassar cada detalhe, com medo de que eles não saibam o que fazer. Mas, se você confia na saúde mental deles, vai constatar que o bom senso sempre se manifesta. O mais importante é que os empregados não têm mais medo de cometer erros. Sabem que não serão julgados se isso acontecer. O que lhes permite assumir riscos maiores, com recompensas maiores.

— Como isso se traduz em termos concretos? — perguntei a Kurt.

— Tivemos um aumento de 567 milhões de dólares no valor da agência nos últimos seis anos. Passamos de um déficit de 17 milhões de dólares para um ativo de 550 milhões. Quase dobramos o faturamento das contas que já tínhamos, pois uma boa idéia sempre vale muito dinheiro. O outro resultado concreto é que trabalho com pessoas que amam o que fazem... e eu também adoro. Isso me proporciona uma enorme satisfação pessoal. As recompensas financeiras são apenas o glacê no bolo.

O princípio na prática

Kurt percebeu que a causa de seu estresse era interna, não provocada pela natureza competitiva do seu negócio. Mais importante ainda, Kurt descobriu que tinha uma opção: podia manter sua personalidade agressiva habitual ou podia conduzir a agência e sua vida pessoal através de um novo nível de compreensão, baseado em sabedoria e mente calma.

Quando nosso nível de compreensão aumenta, percebemos subitamente mais opções na vida. Coisas que pareciam fixas e inalteráveis parecem se desdobrar em opções. Outras maneiras de lidar com a vida se tornam óbvias de repente. Para Kurt, ficou patente que a opção de operar com a mente calma era um novo rumo que queria assumir, tanto por sua sanidade quanto pelo clima e sucesso da agência.

A maioria dos executivos baseia-se no controle, medo, motivação externa e falta de confiança nas habilidades e boa vontade dos empregados. O que Kurt desenvolveu em sua agência foi *um clima e uma filosofia de trabalho com base no pensamento saudável: calma, reflexão, percepção, criatividade*. A fé nesse tipo de pensamento entre direção e empregados resulta em motivação interna, boa capacidade de tomar decisões, confiança e respeito mútuo, uma comunicação honesta e franca. Quando os empregados não estão estressados, pensam de uma maneira mais lúcida e sensata. Quando os empregados mantêm um fluxo criativo de idéias, reagem melhor às forças de mudança no mercado e são capazes de encontrar soluções para manter sua empresa competitiva.

Em vez de manter os empregados imobilizados através de inúmeros problemas pessoais e da política da empresa, Kurt pôde canalizar suas energias para antecipar as mudanças no mercado, antes mesmo que ocorressem. A maioria dos executivos vive num ânimo de crise durante a maior parte do tempo. Assim, enquanto um problema é superado, outro já está surgindo. Kurt sente agora que está na frente do jogo, capaz de antecipar problemas e soluções.

A felicidade diminui as despesas e aumenta os lucros.

10. Transformando pânico em paz

MICHELLE CUIDAVA DE OUTRAS PESSOAS desde que era pequena. Seus pais se divorciaram quando ela tinha cinco anos. O pai tinha problemas emocionais; por mais que ela tentasse mantê-lo feliz, ele sempre se sentia deprimido. Não era o seu único problema. Dos cinco aos dez anos de idade, Michelle testemunhou o alcoolismo da mãe. Era uma situação perfeita para produzir uma pessoa que sempre seria preocupada, controladora, tentando consertar todo mundo. Ao olhar para trás, Michelle pode ver como esses primeiros anos formaram sua personalidade adulta.

Mais tarde, Michelle tornou-se uma *workaholic*, uma viciada em trabalho, tentando sustentar os pais e um namorado alcoólatra. Em determinado momento, quase foi à falência, por tentar ajudar todo mundo. Trabalhava numa firma de advocacia, muitas vezes 12 horas por dia e 7 dias por semana. Sentia-se tão ansiosa e pressionada que sofria freqüentes ataques de pânico. Às vezes os ataques a deixavam tão imobilizada que não conseguia pensar direito, ficava bastante confusa. Havia ocasiões em que passava tão mal que nem era capaz de escolher que roupas devia vestir.

Michelle era uma pessoa independente, acostumada a encontrar soluções. Por isso, a perspectiva de procurar terapia ia contra sua natureza. Ela encerrou o relacionamento com o namorado alcoólatra, mas continuou concentrando-se por completo no trabalho. Até que um dia ela me procurou, convencida de que se encontrava à beira de um colapso nervoso.

— Acho que preciso de ajuda — disse ela. — Não consigo mais dormir e não tenho mais qualquer eficiência em meu trabalho. Sofro cada vez mais de ataques de pânico. Tenho medo de perder o emprego se não obtiver ajuda. Acha que preciso de ajuda?

Ela falava quase como se pedisse desculpas. Fiz o que pude para tranqüilizá-la.

— Michelle, sei que a situação parece horrível agora, mas pode ser o momento decisivo em sua vida, se contar com a orientação apropriada. Acho que deve procurar um conselheiro profissional.

— Estou disposta a fazer qualquer coisa a esta altura — admitiu ela.

A encruzilhada na estrada

Depois desse contato, não tive mais notícias de Michelle por seis meses. Recentemente, porém, ela partilhou seu progresso comigo.

— A princípio, não entendi o que a terapeuta tentava me dizer. Fiquei furiosa porque ela sabia alguma coisa que eu ignorava. Eu era o tipo de pessoa que sempre queria saber e compreender tudo. Mas me acalmava e sentia uma paz que nunca experimentara antes quando estava em seu consultório. Descobri-me não querendo sair do consultório. Logo comecei a sentir, através de terapia, gravações e livros, que a paz dependia apenas de mim. Meus mecanismos anteriores para lidar com as situações difíceis, manter-me ocupada e listar coisas para fazer pararam de funcionar, sendo substituídos por minha saúde.

— O que fez você mudar? — perguntei.

— Minha terapeuta dizia que eu devia me acalmar. Era frustrante, porque eu não sabia *como* me acalmar. Em vez disso, apresentava uma lista de perguntas a cada sessão. Ela sempre me dava a mesma resposta simples: "Relaxe e confie que saberá o que fazer." Depois, começou a dizer como eu tinha duas maneiras de pensar. Uma era processar tudo e deixar em agitação no cérebro. A outra era deixar meus pensamentos acontecerem, com um fluxo fácil de entrada e saída da mente. Ao ouvir a parte final, descobri que minha mente se tornava menos confusa. Tudo começou a clarear. Antes disso, não havia espaço para novos pensamentos, nem para fazer qualquer coisa com os pensamentos que já tinha. Também compreendi que era insignificante o conteúdo do que me preocupava; o hábito da preocupação é que era significativo. Isso me ajudou a compreender por que tinha ataques de pânico. Tornei-me capaz de ficar fora de meus pensamentos e me ver pensando. Ficou fácil constatar quando pensava de maneira disfuncional. Aprendi a capitular quando meus pensamentos escapavam ao controle. Por mais estranho que possa parecer, tive de anular minha necessidade de controlar para recuperar o controle. De certa forma, meu colapso nervoso foi uma dádiva. Finalmente descobri minha saúde, depois de tantos anos de tensão. Descobri que basta relaxar, pois minha saúde já está presente. Não preciso fazer nada. Foi como aprender a boiar. Em determinado momento, tive apenas de confiar em mim mesma e relaxar. Ao fazer isso, descobri que já era capaz de boiar. Aprendi apenas a *ser*, sem querer *saber*. Ironicamente, isso aconteceu quando comecei a recuperar o controle sobre a minha vida. As coisas passaram a acontecer; voltei a estudar e iniciei um curso de programação. Sempre tive dificuldade com matemática e computadores, mas de repente tudo se tornou fácil e divertido. No passado, sempre me assustava com o que ia fazer e a pressão do resultado final. Agora confio em mim mesma, em vez de contar só com meu cérebro. Foi um milagre. Não tenho mais estresse. Consigo trabalhar mais e voltar para casa mais cedo. Gosto da vida agora. Sou feliz.

O princípio na prática

O que chamamos de colapso mental pode às vezes ser na verdade o início de um processo de mudança. No caso de Michelle, isso foi verdade, sem a menor dúvida. Os mecanismos para enfrentar as crises que aprendemos ao longo da vida nos impedem de perceber uma coisa muito mais poderosa que está dentro de nós: a saúde mental inata.

Quando Michelle começou a sofrer um "colapso" mental, todas as suas defesas também ruíram. Assim, ela se tornou aberta para o aprendizado de algo novo. Essa abertura lhe permitiu ouvir e recuperar sua sabedoria interior. Aprender a confiar em si mesmo e nas respostas que se encontram dentro de si é uma das mais profundas percepções que podemos adquirir na vida. Para uma viciada em trabalho como Michelle, não fazer nada e confiar era a coisa mais distante da sua maneira habitual de lidar com a vida.

Quando começamos a compreender como aproveitar o processo de pensamento natural, percebemos que a vida é mais fácil e não precisa ser uma batalha. Quando acompanhamos o fluxo de pensamento e a sabedoria, nossa vida se ajusta a tudo com pouco esforço.

Confie no poder do fluxo de pensamento e poderá transformar qualquer crise em realização.

11. Colapso de computador

Frank tem de entregar uma proposta no dia seguinte. Enquanto a redige, seu computador apaga. Ele não consegue ligá-lo de novo. Tenta permanecer calmo, mas dentro da cabeça só ouve a voz irada do chefe dizendo: "Isso não é desculpa! Por que sempre estraga tudo? Pensei que podia contar com você!".

A cada pensamento, o medo e a culpa de Frank aumentam. Tenta ligar para o setor de suporte de informática. Depois de dez tentativas, entra no atendimento automático. Mais dez minutos de música de espera e sua raiva e frustração começam a escapar ao controle. Quando ouve uma voz humana no outro lado da linha, ele explode.

— Lamento muito, senhor — diz a voz impessoal —, mas estamos com pedidos atrasados neste momento e não poderemos atendê-lo pelo menos por uma semana.

— Mas isso é um absurdo! — berra Frank. — Tenho uma proposta para apresentar amanhã!

Com isso, ele bate o telefone. Precisa agora enfrentar seu chefe.

— Sei que não vai gostar — diz Frank, contrafeito —, mas meu computador pifou e não podem consertar em menos de uma semana. Pode me dar acesso a outro computador?

— Não posso acreditar! — grita o chefe. — Já estou atrasado e o patrão vai cair em cima de mim, não de você!

Frank ficou imóvel, em silêncio, o rosto contraído num pedido de desculpas.

— Acho que posso arrumar outro computador — resmunga o chefe —, mas você tem de terminar o trabalho até amanhã de qualquer maneira.

Às quatro horas da tarde, Frank finalmente recebe o computador do chefe e recomeça a trabalhar na proposta. Mas agora não consegue pensar direito. Sua mente é um turbilhão, sente-se tão cansado e emocionalmente esgotado que não é capaz de se concentrar no trabalho. A proposta que prepara tem muitos erros, ele sabe que não é o melhor que pode fazer. Quando chega em casa, às onze horas da noite, a única coisa que ele quer é dormir. Mas os problemas de Frank ainda não acabaram. A mulher está irritada com ele, diz que não entende por que seu trabalho sempre tem de vir em primeiro lugar. Os dois brigam antes de deitar. O sono de Frank é cheio de sobressaltos.

A encruzilhada na estrada

Quem já dependeu de um computador como ferramenta para um trabalho provavelmente pode relatar essa história. Quem pode culpar o pobre Frank por ficar desesperado? Todos não reagiriam da mesma maneira?

Não necessariamente. Vamos analisar um roteiro alternativo para essa situação. Só que, agora, em vez de deixar a mente ferver num "ataque de pensamento", Frank recupera o controle e enfrenta a difícil situação com um sentimento de desafio e tranqüilidade.

Em primeiro lugar, vamos supor que Frank, ao pensar na reação de seu chefe, reconhece que seu pensamento está prestes a escapar ao controle. Ele respira fundo, compreende que se defronta com um tremendo desafio, mas não precisa ser um desastre. Imagina que o chefe já passou por situações similares e vai compreender. Em vez de ligar para o serviço de suporte imediatamente, ele sai de seu cubículo e pede conselho e apoio a Pam, uma colega de trabalho.

— Pam, você não vai acreditar no que aconteceu com meu computador, logo agora que tenho de preparar uma proposta para amanhã de qualquer maneira.

Frank descreve o problema.

— Alguma sugestão?

— Não tenho nenhuma. A mesma coisa me aconteceu no mês passado. Não consegui descobrir o que aconteceu. Acho que você deve ligar para o serviço de suporte. Mas, se eu puder ajudar de alguma forma, basta me avisar.

A atitude de Frank parece uma perda de tempo? Não é mesmo. Quando Frank telefona para o serviço de suporte, está mais calmo do que no primeiro roteiro. Espera pacientemente para falar com uma pessoa de verdade. Acha que isso é normal. Quando fala com a pessoa, está sereno e respeitoso, em vez de furioso. Ainda é informado de que não poderão ajudá-lo em menos de uma semana. Mas, em vez de bater o telefone, ele tenta outra tática.

— Sei que estão atrasados no atendimento a outros clientes — diz Frank, compreensivo —, mas meu trabalho tem de ser apresentado amanhã. Está tudo no computador que pifou. Tenho certeza de que você já passou por essa situação antes. Há alguma maneira de apressar o atendimento? Eu ficaria muito agradecido.

— A maioria das pessoas com seu problema não é tão compreensiva — comenta o atendente. — Vou verificar se posso arrumar alguém para fazer o serviço o mais depressa possível.

Frank fica comovido com os esforços do atendente. Não se sente mais sozinho na crise. Não é possível consertar o computador, mas eles emprestam outro. Frank ainda tem de reescrever toda a proposta. Mas, porque manteve o controle emocional, é capaz de um bom desempenho. O texto parecer fluir sem esforço. Fica pronto em um quarto do tempo que ele levou no roteiro anterior. Seu chefe o elogia no dia seguinte pelo trabalho bem-feito.

— Não dá para acreditar que você tenha aprontado a proposta... e tão bem... sob tamanha pressão. Como conseguiu manter a calma?

— Simplesmente não tive um colapso junto com o computador — respondeu Frank.

O princípio na prática

Como Frank, no roteiro revisto, permanece tão calmo diante de todos os obstáculos? Ele reconheceu que *sua experiência emocional vinha do seu pensamento*, não da situação. Esse reconhecimento permitiu que Frank recuperasse o equilíbrio emocional. Ao fazê-lo, pôde avaliar com calma a situação e ver de maneira criativa quais eram as opções. Nesse processo de pensamento saudável, ele se *comunicou mais claramente*, percebeu o ponto de vista da outra pessoa, e *não permitiu que sua imaginação amedrontada escapasse ao controle*. Mais importante para Frank, seus pensamentos *fluíram de uma maneira organizada e inteligente*, o que lhe permitiu completar a proposta.

O que Frank explorou é uma coisa que está ao alcance de todos nós. Todos possuímos uma *inteligência inata*, chamada *sabedoria*, que permite nos elevarmos acima das circunstâncias, reagindo à vida com bom senso, e não com raiva, pânico e medo.

> *Quando a vida escapa ao controle,*
> *o primeiro passo é sempre recuperar o rumo.*

12. O poder da presença em relacionamentos

ALLIE COMPARECEU A UM SEMINÁRIO QUE REALIZEI sobre a maneira de prevenir o estresse no ambiente de trabalho. Um dos exercícios relacionava-se com o aprendizado de como estar presente ao ouvir. Embora Allie sempre tivesse se considerado uma boa ouvinte, estava aberta a aprender mais. No dia seguinte ao exercício, ela contou a seguinte história:

— Fiquei espantada com o muito que aprendi ontem sobre ouvir. A princípio, não parecia diferente do que eu já vinha fazendo. Mas, quando cheguei em casa ontem à noite e minha duas filhas quiseram minha atenção, tive a oportunidade de pôr em prática o que aprendera. Sentia que tinha um milhão de coisas para fazer, mas decidi seguir seu conselho e ouvi realmente minhas filhas sem ter nada mais na mente. Quando surgiam pensamentos para me distrair, eu tratava de rechaçá-los, voltando a estar presente com elas. As duas se tornaram muito loquazes e francas sobre seu dia, partilhando todos os detalhes com o maior entusiasmo. O ânimo delas e o meu se elevaram. Não fizemos nada de especial, mas tivemos uma das noites mais agradáveis de que posso me lembrar... tudo porque ouvi de verdade.

— Esta manhã, a caminho daqui, fui dominada por sentimentos de gratidão por minhas filhas e meu marido. Gostei imensamente da viagem. Não posso acreditar que bastava ouvir para me sentir assim. Com certeza, faz uma grande diferença nos relacionamentos se podemos evitar que a mente vagueie e a mantemos presente quando conversamos com as pessoas que amamos. Dá para entender o poderoso efeito de ouvir no sentimento de amor por nossa família.

Quando Allie acabou, outro participante do seminário partilhou uma história similar. Ken começou por declarar que se mantivera cético durante todo o dia anterior.

— Não parava de pensar que não dispunha de tempo para ouvir essas coisas. Tinha muitas outras coisas para fazer em minha vida. Só podia pensar, durante o seminário, que precisava ir ao escritório, pegar minha correspondência eletrônica, retornar os telefonemas, depois ir para casa e fazer algumas tarefas ali. Quando cheguei em casa ontem à noite, sentia-me bastante tenso, mas meus filhos queriam brincar de esconde-esconde. Cedi à pressão e entrei na brincadeira. Mas minha mente continuou ocupada por todas as outras coisas que tinha para fazer. De um modo geral, é assim que me sinto quando estou com meus filhos, dividido entre lhes dispensar minha atenção total e pensar em todas as outras coisas que *deveria* estar fazendo.

A encruzilhada na estrada

— Mas de repente me ocorreu um pensamento: enquanto estivesse brincando com os meninos, por que não aproveitar e deixar de lado todas as minhas outras obrigações? Parecia um absurdo dividir minha atenção entre meus filhos e meus deveres. Afinal, era apenas meu pensamento que me impedia de estar presente no momento. A preocupação com outras coisas estragava o prazer de passar uma noite com meus filhos. Também impedia que eles tivessem a atenção total do pai. É verdade que os pensamentos sobre todas as outras coisas que eu deveria estar fazendo insistiam em voltar, mas com menos intensidade. Eu me diverti muito, brincando com os meninos. E entrei no espírito da brincadeira. Em determinado momento, fui me esconder por trás da caixa do correio, no jardim da frente, onde os vizinhos podiam me ver. Não me ocorreu que devia parecer meio maluco deitado no chão. Senti-me de novo um garoto. Até tinha tempo esta manhã de passar pelo escritório, antes de vir para o seminário, a fim de verificar minha correspondência. Mas me ocorreu que talvez estivesse sendo excessivamente responsável em relação ao trabalho... não faria a menor diferença esperar mais algumas horas para dar uma olhada no correio eletrônico. O tempo com meus filhos é muito precioso... e não quero perder um minuto sequer.

O princípio na prática

Sentir intimidade ou uma profunda ligação com outras pessoas é uma decorrência de estar presente no momento, com a mente livre de distrações. Quando estamos com outras pessoas e nossos pensamentos são fluentes, em vez de preocupados ou obsessivos, nós nos sentimos calmos e presentes, ouvimos com atenção.

Considere o que você faz quando usa um walkie-talkie: ou escuta ou aperta o botão e fala. Quando aperta o botão, não pode mais ouvir a pessoa do outro lado. O mesmo acontece com ouvir na vida cotidiana; ou você escuta ou aperta mentalmente o botão e sua mente vagueia para outro lugar. Todos nós já tivemos a experiência de falar com pessoas que não ouvem ou momentaneamente vagueiam para longe. Quando isso acontece, nosso senso de ligação com essas pessoas é rompido. Não registramos necessariamente por que nos sentimos desligados, mas sempre podemos senti-lo. Deixamos esse tipo de interação nos sentindo vazios e insatisfeitos.

Ao contrário, quando estamos com um filho, cônjuge, amigo ou colega de trabalho, ambos plenamente presentes, com as mentes livres de distrações, os dois sentem-se enriquecidos pela experiência. Em nosso mundo frenético, arrumar tempo e a presença da mente para ficar de fato no momento é uma das maiores dádivas que podemos dar aos outros, assim como a nós mesmos.

Tudo o que é preciso para estar no momento é reconhecer quando isso não está acontecendo e voltar. Livre-se dos pensamentos que o distraem, mesmo que insistam em voltar várias vezes. Valorize o estar presente.

13. A verdadeira fonte da genialidade

Quando criança, Dave era considerado um gênio. Entrou em todos os programas de educação acelerada da escola. Os pais e professores esperavam que ele fizesse grandes coisas algum dia, talvez como um teórico ou cientista de pesquisa.

Quando ele tinha quatro anos, seu pai morreu de repente. A mãe ficou muito deprimida. Assim permaneceu durante todo o tempo em que Dave crescia. Os irmãos mais velhos seguiram o exemplo da mãe. O ânimo de toda a família era de depressão. Embora tenha ficado inicialmente triste com a morte do pai, Dave superou sua dor num tempo razoável, ao contrário dos outros.

— Eu sempre tentava entender por que me sentia como um forasteiro — contou-me Dave. — Era feliz, embora todos ao meu redor estivessem deprimidos. Tentava me ajustar aos outros, mas jamais conseguia. Havia sempre uma tensão em mim... tentando conter meus sentimentos naturais de felicidade e questionando por que me sentia tão bem, quando os outros sentiam-se tão tristes. Comecei a pensar que eles eram os normais, enquanto havia alguma coisa errada em mim.

— Fiz o teste de Mensa e descobri que tinha um QI de gênio. Depois do curso secundário, fui logo aceito na universidade. Queria estudar para ser pesquisador de neurofisiologia. Todos me lembravam constantemente da dádiva que me fora concedida, que eu tinha a responsabilidade de fazer alguma coisa com isso. Embora não tivesse problemas nos estudos, sempre senti medo de não conseguir corresponder às expectativas dos outros. Por isso, em vez de estudar, eu não freqüentava as aulas. Tornei-me ansioso demais em virar um fracasso; tinha tanto medo do fracasso que nem mesmo tentava.

Foi então que Dave, aos 19 anos, descobriu o álcool.

— Foi fantástico. Nunca me sentira tão bem em toda a minha vida. Assim que bebia alguma coisa, todos os sentimentos de dúvida e tensão desapareciam no mesmo instante.

Dave continuou na universidade, bebendo com uma freqüência cada vez maior, dedicando cada vez menos tempo aos estudos. Apesar da bebida, conseguiu se formar depois de seis anos e arrumou um ótimo emprego. Mas parara de crescer psicologicamente. Embora os professores lhe dissessem que era brilhante, sempre se desapontava com o próprio desempenho. Partilhou comigo que sofria do que chamava de "obsessão do tenho"... "tenho de fazer isso, tenho de fazer aquilo". Na casa dos vinte anos, levou uma vida dupla. Trabalhava em empregos respeitáveis durante o dia e freqüentava bares sórdidos à noite. Ninguém em sua família sequer imaginava que ele bebia tanto. Dave sabia que estava se matando, mas parecia não se importar.

Ele acabou entrando num tratamento para alcoolismo. Assim que saiu da terapia, recomeçou a beber, apesar de freqüentar os AA. Sua situação deteriorou-se a um ponto em que só conseguia ter empregos temporários, passando dificuldades de um salário para outro. Até que um dia um amigo lhe ofereceu cocaína.

— Fiquei viciado em 15 segundos — disse Dave. — Senti-me onipotente. Foi assim que começou minha carreira de viciado em drogas. Você pode estar especulando como pude me tornar tamanho perdedor, quando tinha um potencial tão grande. Mas minha auto-estima estava no fundo do poço. Perdi o apartamento e fui preso várias vezes por guiar embriagado. Finalmente, decidi tomar uma dose letal de Dilantin. Na verdade, tomei seis vezes mais que a dose letal. No dia seguinte, para meu desapontamento, acordei, ainda vivo, embora mal conseguisse andar. Cambaleei até um telefone público e liguei para minha mãe. Ela veio imediatamente e me levou ao hospital, para desintoxicação do Dilantin. Mamãe nunca desistiu de mim. Assinei sem hesitar a petição que me obrigava a aceitar o tratamento.

A encruzilhada na estrada

— Depois da desintoxicação, alguma coisa começou a mudar. Descobri um novo centro de tratamento baseado nos três princípios da saúde mental. Comecei a sentir esperança, porque não era um programa tradicional, baseado na doença. Em vez disso, focalizava a promoção da saúde nos viciados. Passei a pensar que talvez houvesse uma força em ação para me manter vivo.

— Pela primeira vez, iniciei o tratamento com uma atitude positiva; estava acessível a qualquer coisa que tivessem para me oferecer. Quando conheci um dos outros "estudantes", como se referiam aos pacientes ali, ele se pôs a me falar sobre o programa. Disse coisas que eu desejara aprender durante toda a minha vida... como minha mente funcionava. Era tão simples, de absoluto bom senso, que experimentei sentimentos mais poderosos do que na primeira vez em que consumira álcool ou cocaína. Fiquei cheio de esperança e serenidade, como nunca experimentara antes. Nenhuma droga jamais chegara perto de me proporcionar aquele sentimento. O momento decisivo para mim foi quando compreendi que esses sentimentos positivos eram naturais, que sempre existiram dentro de mim, apenas estavam esperando pela oportunidade de sair.

— Através do processo de tratamento, descobri que já tinha dentro de mim a saúde mental inata. Pela primeira vez, compreendi que não precisava verificar tudo em termos analíticos, mesmo tendo um QI de gênio. Senti o maior alívio por poder confiar em alguma coisa dentro de mim, que me orientaria pelo resto da vida. Finalmente, aprendi a confiar em mim mesmo. No passado, eu costumava ter toneladas de pensamentos. Mas agora aprendi a confiar em minha sabedoria, em vez de em meu pensamento analítico. Podia deixar de lado os pensamentos negativos e confiar que a sabedoria haveria de aflorar.

— A verdadeira encruzilhada na estrada para mim foi deixar tudo de lado e apenas confiar que a sabedoria se manifestaria. Enquanto me mantivesse no momento, não teria problema. Minha sabedoria estava ali. Eu sabia que não teria problemas. Quando descobri o poder de viver no momento, tudo em minha vida se ajustou. Consegui estabilizar meus ânimos. E quando penso sobre o consumo de cocaína, sei que é apenas um pensamento, logo desaparece. No outro dia tive uma enxaqueca. Logo percebi que mantivera a mente ocupada demais. Tudo o que tive de fazer foi compreender isso. A dor de cabeça sumiu no mesmo instante. Foi um tremendo alívio descobrir que não precisava pensar durante todo o tempo que a auto-análise e um intelecto altamente desenvolvido não eram a resposta para os meus problemas... a sabedoria é muito mais poderosa.

O princípio na prática

Se a felicidade viesse da inteligência intelectual, Dave nunca se tornaria um viciado. Antes de aprender sobre os princípios de sua mente, ele estava sempre pensando, sempre tentando compreender a si mesmo e resolver seus problemas. Quando Dave descobriu a inteligência que é maior do que o intelecto — a sabedoria —, pôde relaxar e confiar que o orientaria pela vida. Quando se acalmava e tinha fé nessa sabedoria, ele *sabia* que tudo ficaria bem.

A serenidade é tanto o objetivo como o meio para alcançar o objetivo de recuperação do vício ou de qualquer problema psicológico. Para encontrar a serenidade, devemos pôr de lado nosso processo de pensamento analítico e confiar em nossa sabedoria. Quando vivemos no momento, a serenidade está sempre ali. É só quando nos projetamos para o futuro ou passado que perdemos a serenidade e nos tornamos ansiosos, deprimidos, ou experimentamos alguma outra emoção negativa. Dave descobriu o poder do momento para levá-lo de volta à sanidade e a seu verdadeiro gênio.

Quando sua mente escapar ao controle, relaxe e confie que a sabedoria vai orientá-lo de volta à felicidade.

14. Apaixonando-se pelo trabalho

Quando Jean abriu sua empresa de consultoria para médicos, em 1985, sentia o maior entusiasmo e energia. Queria ajudar os médicos a lidarem com as difíceis mudanças na indústria de seguro, que afetavam o reembolso por seus serviços. Ela se desdobrava para atender a todas as necessidades dos médicos: telefonemas sobre crises em todas as horas do dia e da noite, reuniões no início da manhã antes de cirurgias, telefonemas de madrugada se eles estavam em pânico. Ela se empenhava em agradá-los, deixar todos felizes.

Em seis a oito meses, Jean se encontrava totalmente exausta e esgotada. Ficava debaixo do chuveiro todas as manhãs, de 10 a 15 minutos, batendo com a cabeça nos ladrilhos e soluçando.

— Eu me sinto muito infeliz! Odeio o meu trabalho!

Jean também se sentia acuada. Tomara emprestado bastante dinheiro para abrir a empresa, tinha muitos empregados competentes e leais, um aluguel a pagar e outras obrigações. Um dia, uma cliente sua recomendou um cliente em perspectiva, um psiquiatra muito conceituado, mas que não tinha tempo para cuidar da parte comercial.

— Não há a menor possibilidade! — declarou Jean. — Não quero mais clientes. Já estou sobrecarregada.

Mas a cliente insistiu:

— Trata-se de um grande amigo meu, Jean. Por favor, faça isso como um favor pessoal.

Relutante, Jean concordou em almoçar com sua cliente e o amigo dela, para avaliar a possibilidade. Olhando para sua cliente, que apresentava sinais de estresse, e refletindo sobre o seu próprio estado de esgotamento, Jean notou que o novo cliente em potencial, dr. Jones, era o único feliz no almoço. Intrigada, ela decidiu marcar uma nova reunião. Descobriu que ele tinha de fato uma clínica psiquiátrica bem-sucedida, em termos de número de pacientes; do ponto de vista comercial, no entanto, a clínica era ineficiente. Jean compreendeu que poderia ajudá-lo.

O dr. Jones sugeriu que ela participasse da reunião semanal de apoio com um grupo de pacientes que já haviam terminado o tratamento. Teria assim uma noção do que ele fazia, pois era diferente da maioria das terapias psiquiátricas. O dr. Jones usava um novo modelo de psiquiatria, baseado no ensinamento da saúde, em vez do tratamento da doença. Embora os pacientes passassem pouco tempo em terapia, ele parecia alcançar um sucesso extraordinário, ainda mais em comparação com seus colegas, que tratavam cerca de duzentos pacientes, cada um por vários anos.

Jean compareceu a essa reunião semanal com o maior ceticismo sobre o método de tratamento. Sentia-se muito superior àqueles "pacientes mentais". O que poderia aprender com aquelas pessoas? Afinal, ela nunca tivera problemas mentais e se tornara uma empresária bem-sucedida durante a maior parte de sua vida, não é mesmo?

Enquanto escutava o grupo, sem prestar muita atenção, Jean começou a observar que os pacientes pareciam totalmente normais, apesar dos diagnósticos anteriores de graves doenças mentais, como depressão maníaca bipolar, distúrbio de estresse pós-traumático e depressão. Agora, no entanto, levavam vidas perfeitamente normais e felizes. Sentiam-se gratos por terem aprendido como usar a mente de uma maneira saudável. Jean ficou impressionada com a calma que demonstravam. *Estas pessoas são mais felizes do que eu*, refletiu Jean. *Mas tinham doenças mentais. Como puderam mudar desse jeito?* Pela primeira vez, ela começou a sentir a esperança de que também poderia ser feliz.

Depois de algumas semanas participando das reuniões do grupo do dr. Jones, Jean notou que começava a tirar os fins de semana de folga para passear com sua filha, um fenômeno novo para ela. Numa manhã de segunda-feira, quando estava debaixo do chuveiro, Jean percebeu que não chorava, como era seu hábito. Compreendeu que até aguardava com ansiedade o início da semana de trabalho. Nada mudara em suas circunstâncias: os médicos — seus clientes — continuavam exigentes; as dívidas eram as mesmas. Presunçosa, ela racionalizou que talvez estivesse finalmente assumindo um controle total sobre o negócio.

A encruzilhada na estrada

Naquele dia, ao chegar ao escritório, ela recebeu um telefonema de um cliente médico.

— Preciso conversar com você imediatamente — disse ele, com evidente ansiedade. — Aconteceu uma coisa terrível.

Embora soubesse que dispunha de tempo naquele momento, Jean respondeu:

— Não posso vê-lo agora, mas vamos nos encontrar depois do almoço.

Era um comportamento estranho para ela, porque em geral saía correndo cada vez que um médico precisava de alguma coisa. O médico tornou a telefonar mais tarde e disse:

— Lamento a maneira como a tratei esta manhã. Foi um momento frenético para mim e exagerei na minha exigência. O problema já se resolveu por si mesmo. De qualquer forma, obrigado por sua ajuda.

Isso a deixou perplexa. Nunca antes ouvira um médico lhe agradecer, muito menos pedir desculpa. Naquela semana, várias pessoas no grupo do dr. Jones lhe perguntaram se tirara férias, porque parecia muito relaxada e descansada.

— Na verdade, trabalhei durante toda a semana — respondeu ela.

Naquela noite ela prestou mais atenção. Uma coisa que o dr. Jones disse a atingiu com um tremendo impacto:

— O problema de muitas pessoas é que vivem como se alguém lhes escrevesse cartas de ódio. Abrem a carta, lêem, ficam transtornadas pelo que leram... sem perceberem que é a sua própria letra.

Jean compreendeu naquela noite que era a autora de sua correspondência de ódio, expressa pela ingratidão das outras pessoas, suas exigências de que ela as fizesse felizes. Tudo isso era seu próprio pensamento! Ela compreendeu que criara aquele mundo de pressão e frenesi. Sempre tentava provar sua competência e era vítima de seu próprio sucesso na realização desse objetivo.

Jean saiu exultante da reunião. Ao chegar em casa, naquela noite, tinha a sensação de que começava uma vida nova.

Jean continuou com sua empresa de consultoria por vários anos, mas mudou o foco: em vez de resolver todos os problemas dos médicos, preparava-os para eles próprios resolverem. Costumava descobrir os problemas, determinar a importância de cada um, depois informar o que se devia fazer. Cada vez que resolvia um problema, outro surgia, como uma caixa de surpresa. Ela não tinha condições de manter tudo sob controle. Em conseqüência, Jean e seus clientes viviam num estado de frenesi e reação.

Agora, Jean ensina aos clientes que os problemas são pensamentos. Neutraliza o que eles estão pensando ao demonstrar o poder do pensamento de criar experiências. Estimula-os a encararem seu trabalho e dificuldades sob uma nova perspectiva, um estado mental saudável. Isto permite que encontrem suas próprias soluções criativas. Jean adora seu trabalho agora e expandiu a empresa, para atender também a professores universitários. Também faz consultoria para outras empresas.

O princípio na prática

Antes de conhecer o dr. Jones, Jean era uma pessoa esgotada e cética. Tinha pouca esperança de mudar sua vida algum dia. Sentia-se condenada a uma vida de desapontamentos e intermináveis esforços para agradar aos outros. Quando testemunhou as mudanças que outros conseguiram, a fim de alcançarem uma vida mais feliz, pessoas com problemas mais graves do que o seu, ela voltou a ter esperança... e sua mente se abriu para novas possibilidades.

Jean descobriu o poder de mudar seus pensamentos, em vez de mudar de trabalho, para ser feliz. Quando as pessoas se tornam estressadas e esgotadas, precisam redescobrir a esperança, a fim de abrir a mente para a mudança.

A esperança abre a porta para a possibilidade de mudança.

15. Raiva: Um trabalho interno

"MAS QUE IMBECIL! NÃO POSSO ACREDITAR que os motoristas de hoje sejam tão irresponsáveis!". Esses são pensamentos furiosos de Hugh enquanto segue de carro para seu trabalho no centro da cidade, numa firma de alta tecnologia. É uma típica manhã de segunda-feira. Com uma manobra agressiva, Hugh tenta entrar na faixa da esquerda, mas a mulher num Buick azul não deixa. "Outra idiota!", pensa ele, a pressão subindo, enquanto aperta o volante com toda força. "A estrada está cheia de imbecis esta manhã!".

A motorista do odiado Buick evita seu olhar frio e irado. Aplica mais delineador no olho esquerdo, usando o espelho retrovisor. Hugh não admite ser ignorado. Toca a buzina e ergue o outro punho, num gesto de protesto e desafio. A mulher responde com "Não enche!", e a guerra continua.

Hugh pensa: "Se quer briga, dona, encontrou um adversário à altura." Na primeira oportunidade, ele acelera e dá uma guinada para a direita, a fim de efetuar a ultrapassagem... e quase bate no Ford vermelho ao seu lado.

"Consegui!", pensa ele, arrogante. O que Hugh não compreende é que pode ter vencido aquela pequena batalha, mas está perdendo a guerra. Mais uma vez, ele chega no trabalho exausto e irritado, o que projeta um tom negativo para o resto do seu dia. A batalha diária pelo tráfego da hora do *rush*, com dezenas de motoristas apressados e irresponsáveis, tornou-se um problema diário para muitos habitantes das grandes cidades. O tráfego — a suprema forma de impotência — deixa muitas pessoas estressadas, frustradas e enfurecidas. Há um termo para essa síndrome: *a estrada da raiva*. Há livros, artigos, entrevistas no rádio e programas de terapia que tratam desse crescente fenômeno. Como podemos evitar o estresse e a tensão dessa viagem diária pegando a "estrada da sanidade"?

Se pudéssemos dar uma olhada dentro da cabeça de Hugh, veríamos uma mente repleta de julgamentos, impaciência e intolerância. Para ele, os outros motoristas representam o "inimigo" ou, no mínimo, pessoas que só saíram de casa para tornar seu dia mais difícil. Na mente de Hugh, o percurso para o trabalho é uma zona de guerra. Ele absorve em termos pessoais todas as descortesias intencionais e não-intencionais, assume o encargo de aplicar a devida punição.

Hugh ignora que seu pensamento e estado mental estão relacionados com a experiência de guiar o carro até o trabalho. Considera sua experiência como uma reação natural ao que ocorre "lá fora", sem ter a menor noção de que sua vida psicológica é criada de "dentro para fora". Como o tráfego pareceria a Hugh se compreendesse de onde vem *realmente* a experiência?

Num mundo ideal, o tráfego sempre fluiria sem problemas, todos os motoristas seriam corteses e nunca haveria atrasos por causa das condições do tempo ou de acidentes. Infelizmente, esse "mundo ideal" só existe nas expectativas dos seres humanos. Acidentes acontecem, o tempo pode mudar de um momento para outro, e as pessoas, sendo humanas, nem sempre estão num ânimo cortês positivo. Mas, como motoristas em ação, sempre temos uma opção na maneira como reagiremos às variações normais da vida... estamos sempre na "encruzilhada na estrada" psicológica. Depois que compreendemos que temos uma opção, podemos fazer essa opção: seguir na direção de uma emoção negativa ou procurar a harmonia e o prazer na vida cotidiana.

A encruzilhada na estrada

O que acontece se Hugh se descobrir na mesma situação com a mulher do Buick azul, só que desta vez ele compreende de onde vem sua raiva? Ele sente-se impaciente porque o tráfego anda devagar naquela manhã. Se o fluxo de carros não for um pouco mais rápido, ele se preocupa, provavelmente chegará atrasado no trabalho. À medida que sua tensão começa a aumentar, ele nota os músculos dos ombros se contraindo e a irritação crescendo.

Hugh compreende que seus sentimentos de impaciência, irritação e desconforto são sinais de que foi envolvido por seu pensamento. Precisa efetuar um ajustamento da atitude. Como os calombos que nos despertam para a indicação de que entramos na outra faixa de rolamento, suas emoções despertam-no para a compreensão de que seu pensamento se desvia para a zona insalubre. Se continuar assim, ele vai entrar na estrada da raiva.

Pelo simples reconhecimento do curso indesejável de seu pensamento, Hugh é capaz de mudar a marcha mentalmente. Em vez de considerar a mulher no Buick azul como uma inimiga, Hugh acha engraçado que ela esteja fazendo duas coisas ao mesmo tempo. Compreende que a mulher se acha preocupada demais em retocar a maquilagem para perceber que ele quer mudar de faixa. Por isso, Hugh diminui a velocidade e deixa-a se adiantar. Assim, dispõe de espaço suficiente para ultrapassá-la. Ele até ri de si mesmo por quase considerar que dez segundos de tempo perdido eram mais importantes do que desfrutar a viagem, chegando ao trabalho relaxado e de bom humor. Mais uma vez, Hugh constata que as circunstâncias não determinam seu ânimo. Compreende o poder de seu pensamento para criar uma vida de raiva ou uma vida de serenidade.

O princípio na prática

Ao reconhecer suas emoções desagradáveis, Hugh despertou para o fato de que pensava de uma maneira que criava sua estrada da raiva. Assim como a dor física existe para nos alertar que estamos perdendo o equilíbrio físico e a saúde, as emoções desconfortáveis nos advertem quando a saúde psicológica se torna desequilibrada. Depois que compreendemos o papel das *emoções como um sinal*, alertando-nos para a qualidade do nosso pensamento, podemos mudar a viagem diária para o trabalho de um tempo de tensão e estresse para um período de relaxamento e serenidade.

Hugh também compreendeu um segundo conceito importante ao recuperar o controle de sua vida: a fonte de sua experiência psicológica não está nas circunstâncias externas, mas sim na maneira como vê e reage a essas circunstâncias em sua própria mente. Independente do que estejamos fazendo no momento, sempre pensamos ao mesmo tempo. Nossas experiências, sentimentos, percepções e sensações vêm do que está em nossa mente, não da situação externa. *Nossa experiência de vida é criada de dentro para fora, não de fora para dentro.*

Aprenda a ouvir suas emoções como um sinal interior sobre a qualidade de seu pensamento.

---

16. Uma roseira em uma semente

ANTES DE MIKE VIR FAZER A RONDA EM NOSSO BAIRRO, era a personificação do seriado de televisão *Miami Vice*: um guarda rude e durão da Flórida, que via o trabalho da polícia como uma guerra do bem contra o mal. Havia mais queixas contra ele por abusos físicos na comunidade que policiava do que contra qualquer outro policial da Flórida.

Mas de repente Mike passou por uma mudança. Compreendeu que havia uma maneira mais gentil de ajudar os outros, que havia mais poder em combater o crime com a compreensão em vez da força. Tornou-se dedicado no serviço de policiamento da comunidade. A esta altura, foi transferido para St. Paul e começou a trabalhar em nosso bairro. Com o maior entusiasmo e energia, Mike atraía as pessoas. Era o "flautista de Hamelin" da Fairway Avenue: todas as crianças o seguiam por toda parte. Nosso bairro começou a se tornar um lugar mais seguro, mais cordial e mais positivo. Mike tinha alguma participação nessa transformação. Para ele, no entanto, ainda havia mais mudanças reservadas.

Por dentro, Mike era um homem com a mente sempre ocupada. Tinha casos demais para tratar, trabalhava em horas extras sem remuneração, e via-se lutando sem qualquer ajuda para eliminar o crime do bairro. Muitas vezes sentia-se sozinho nessa batalha, e ressentia-se dos outros policiais por não cumprirem sua parte. Encarava cada crime em termos pessoais, como se ele tivesse de alguma forma fracassado em seus esforços. Sua cabeça fervilhava com pensamentos: idéias positivas para melhorar o bairro, muitas das quais ele nunca era capaz de concluir, e outras negativas, de se sentir sufocado, inseguro e ansioso.

Tarde da noite, Mike chegava em casa exausto e arriava diante da televisão para encontrar um pouco de paz. Era a única ocasião em que diminuía o ritmo. A mulher, Cindy, queixava-se de que ele nunca estava em casa, e os filhos competiam por sua atenção. Mas Mike encarava a mulher como uma chata que não compreendia as pressões que ele sofria, enquanto os filhos eram pestinhas exigentes que não o deixavam em paz. Incapaz de desligar os pensamentos, Mike não conseguia dormir direito à noite. Vivia exausto, caía doente com freqüência — sua única escapatória das pressões de ser um superpolicial.

Quando conheci Mike, ele ouvia uma palestra que eu fazia sobre prevenção do crime e como lidar com o fato de ser vítima de um crime. Mais tarde, ele partilhou comigo:

— Achei que você não passava de um tolo, não tinha a menor idéia das complexidades do trabalho policial.

Depois de me evitar por seis meses, ele apareceu um dia em meu consultório para uma conversa. Pela primeira vez, Mike escutou realmente e foi afetado pelo que eu disse sobre o pensamento. Compreendeu naquele momento que estava sempre pensando.

A encruzilhada na estrada

Mike me disse mais tarde:

— Não tinha idéia de como passava o tempo todo ansioso. Nunca percebera como me sentia e mantinha a mente ocupada.

Pouco a pouco, passei a apenas notar meus pensamentos, não levando todos a sério. E me acalmei um pouco. Deixei de analisar cada pensamento que me ocorria, todas as preocupações com os outros guardas e meus supervisores, meus pensamentos acelerados sobre idéias positivas, os sentimentos de responsabilidade por mudar o mundo. Comecei a experimentar a saúde em mim e a vê-la em outras pessoas, o que permitiu me acalmar por dentro.

Para partilhar como essa compreensão mudou todos os aspectos de sua vida, ele me contou o que aconteceu uma noite, quando chegava em casa, de volta do trabalho. Como sempre, já era tarde. Mike foi recebido na porta pelo rosário de queixas de Cindy, sobre ele e o comportamento das crianças.

— Por que você não pode me ajudar com as crianças? — indagou ela, furiosa. — Seu filho e sua filha brigaram durante o dia inteiro. E você passa o dia ajudando os filhos dos outros, enquanto ignora os seus.

Mike sentiu que ficava tenso e se tornou defensivo. *Ela não compreende como meu trabalho é importante. Se ao menos soubesse o que tenho de enfrentar na rua...* Esses pensamentos afloraram em sua mente, mas ele reconheceu que eram apenas pensamentos. Por isso, manteve a boca fechada e decidiu apenas ouvir a mulher.

Enquanto ouvia, ele foi deixando de encarar Cindy como uma chata, passando a percebê-la como uma pessoa que sentia sua falta, amava-o e era insegura. Mike disse a ela:

— Não posso acreditar que não a tenha ouvido antes. Desculpe. Deve ser muito difícil para você passar o dia inteiro com as crianças, sem contar com qualquer apoio.

Ele adiantou-se e abraçou Cindy. Ela relaxou em seus braços. Pela primeira vez em muito tempo, voltaram a sentir uma profunda intimidade. Mike me contou como esse momento transformou sua vida doméstica:

— Comecei a realmente ouvir minha mulher e filhos. Com isso, eles também se acalmaram. À medida que minha mente começava a se livrar do fardo que era a minha necessidade de mudar o mundo, comecei a perceber a beleza de minha família, como ela precisava de mim. Tornei-me capaz de encontrar a saúde nas pessoas nas ruas, nos membros de gangues, nos desabrigados e nos meus companheiros da polícia. Passei a ouvir meus sentimentos, em vez de me concentrar no conteúdo do meu pensamento. Logo era natural para mim ouvir mais e apenas *estar* com as pessoas.

Não mais vendo tudo em termos do bem e do mal, Mike começou a ver a humanidade comum que todos partilhamos, a verdadeira inocência de pessoas que são envolvidas por seu pensamento e agem com base nele, como ele fazia antes. Viu os jovens que andavam armados como crianças assustadas que tentavam se proteger. Ao começar a compreendê-los e deixar de julgá-los, os jovens sentiram seu respeito e passaram a ouvi-lo. Ele começou a ensinar sobre o pensamento, como o medo era criado pelo pensamento.

O impacto de Mike sobre o bairro e as gangues foi tão grande que a mídia começou a publicar reportagens sobre a transformação em nosso bairro e os esforços daquele dedicado policial. Muitos de seus colegas começaram a participar das sessões de treinamento. Em decorrência, está havendo uma mudança em todo o nosso departamento de polícia.

Há poucos meses, Mike assumiu um novo cargo e deixou o bairro. Agora, é o coordenador da campanha de prevenção da violência com armas de fogo em todo o condado. Continua a transmitir a mensagem simples de como o pensamento cria todas as nossas realidades para numerosos grupos da comunidade. Até começou a ensinar o sistema para policiais de outras partes do país. Mike continua a ser o policial afetuoso e compadecido que já era antes de compreender o poder do pensamento, mas agora está calmo por dentro. As pessoas que conhecem Mike se espantam com sua mudança; algumas sentem-se atraídas por isso, outras sentem-se ameaçadas por ele não se mostrar mais tão ansioso quanto elas.

O princípio na prática

Quando vemos a vida como uma batalha entre o bem e o mal, automaticamente criamos uma mentalidade de "nós contra eles".

Com essa disposição mental, vem o medo... o medo do poder que os outros podem ter sobre nós. Consideramos que os outros precisam de mudança, e também concluímos que é nosso dever mudá-los ou controlá-los, para o seu próprio bem.

Quando nossa mente fica emitindo julgamentos — esta pessoa ou atitude é boa, a outra é má —, criamos a ilusão de separação na humanidade e deixamos de constatar nossa comunidade como seres humanos. À medida que passou a reconhecer seus sentimentos e seu pensamento, Mike relaxou e diminuiu o ritmo. Imediatamente, tornou-se melhor ouvinte com a mulher e os filhos. O fardo de mudá-los, salvá-los e convencê-los se transformou em amá-los e ouvi-los com atenção. Em conseqüência, passaram a ter uma intimidade e união que raramente encontro numa família.

Em vez de determinar o que faltava nas outras pessoas, Mike passou a perceber o potencial que existe em todas as pessoas. Sentia amor por elas. Em suas próprias palavras, começou a "ver uma roseira em uma semente". O impacto de ver além do comportamento exterior das pessoas e divisar a humanidade comum que todos partilhamos não apenas transformou Mike, mas também afetou as centenas de pessoas sobre cujas vidas ele tem alguma influência. Quando perguntei a Mike qual era a sua visão do futuro do policiamento, ele me disse:

— O policiamento como nós conhecemos hoje em dia será obsoleto dentro de dez anos. Nosso trabalho baseia-se agora em mudar criminosos através do medo de punições. Nunca vi resultados positivos nesse trabalho. Em vez disso, criou-se uma divisão em nossa sociedade, entre o elemento criminoso e aqueles que consideramos "pessoas de bem". Essa divisão continua a crescer e se expandir, enquanto nossas prisões se tornam cada vez mais lotadas a cada dia que passa. A partir do momento em que percebermos a humanidade comum em todas as pessoas, passaremos a usar o amor e a compreensão para ajudar os outros, em vez de travar uma guerra contra o crime. A própria metáfora está completamente errada. Enquanto pensarmos como uma "guerra", tudo vai ficar cada vez pior e alienar as pessoas ainda mais. Mas, se pudermos ensinar as pessoas a usarem o poder de suas mentes para criar suas vidas, elas vão recuperar a esperança e o poder de mudar. Só assim começaremos a eliminar o crime de nossa sociedade.

Uma roseira já existe completa na semente; só precisa de amor e compreensão para aflorar.

---

17. Pensamento livre de gordura

Fran sempre se considerou a pessoa fraca da sua família. O pai costumava chamá-la de "Nanica". Quando tinha seis anos, ela perguntou ao irmão mais velho o que significava "nanica".

— A nanica da ninhada é a menor e a mais fraca, quase sempre acaba morrendo — respondeu ele.

As palavras não apenas a assustaram, mas também tiveram um tremendo impacto em sua auto-imagem. Assim, Fran passou a pensar em si mesma como fraca e incompetente, assumindo esse papel na família e mais tarde na vida.

Como um mecanismo de compensação para suportar os sentimentos de fraqueza e incompetência, Fran passou a encontrar conforto na comida. Descobriu na comida uma forma de alívio, que momentaneamente a fazia se sentir forte, jamais uma nanica. Em conseqüência, tornou-se obesa e durante a maior parte de sua vida teve um excesso de peso de 20 a 30 quilos.

Como adulta, Fran manteve esse hábito, embora tivesse sobrevivido e não fosse mais fraca. Mas era muito ansiosa e usava a comida para se acalmar. Fazia dietas de ioiô. Podia perder até vinte quilos num período de seis meses, mas logo recuperava tudo. Toda a auto-imagem de Fran relacionava-se com a comida. Se comia direito, era uma boa pessoa; se não comia, era má e incompetente. Por mais que tentasse se controlar, no entanto, estava sempre pensando em comida. *Eu deveria comer isto, não deveria comer aquilo. Quero este bolo. É ruim para você. Não passa de uma pessoa fraca e gorda. Está se saindo muito melhor agora. Basta emagrecer apenas mais uns poucos quilos e estará ótima. Mas vai durar? Jamais conseguiu fazer com que durasse.* A mente de Fran nunca conseguia se livrar dos pensamentos relacionados com comida.

A encruzilhada na estrada

Fran me contou o que a ajudou a mudar sua vida:

— Depois que aprendi como minha mente funciona, comecei imediatamente a me acalmar. Tornei-me menos ansiosa. Mas também passei a comer de uma maneira diferente. Agora, compreendo que sou uma pessoa boa, não importa qual seja meu peso. Não preciso emagrecer para me tornar uma boa pessoa. Saber que sou boa e também como acalmar minha mente me ajudou a remover a carga emocional e a me livrar da gangorra do peso. Como sempre acabo com o mesmo peso ao final de seis meses de dieta de ioiô, por que não me aceitar como sou? Pelo menos ficaria feliz durante os seis meses, em vez de angustiada. A ironia é que comecei pouco a pouco a emagrecer depois que a comida deixou de ser uma questão tão importante em minha cabeça. Nos seis meses seguintes, depois de compreender isso, perdi uns 15 quilos, sem fazer dieta. Mantive meu peso desde então.

Ao longo do último ano e meio, vi Fran cerca de uma vez por mês. E cada vez que a via, ela parecia uma pessoa diferente. Seu rosto tornou-se mais suave, a postura mais confiante, a aparência mais saudável e mais feliz. E ela continuou a perder camada após camada de peso extra. Fran me explicou qual era a sensação de passar por essa transformação:

— Tive a sensação de que a pessoa forte enterrada sob as camadas de ansiedade e insegurança começava a aflorar. Pela primeira vez desde que era pequena, estava sendo *eu mesma*. À medida que as camadas de insegurança ficavam para trás, meu peso também diminuía. Era bastante natural; não havia luta envolvida. Comecei simplesmente a reconhecer meus sentimentos e sensações. Quando sentia fome, escutava o que meu corpo queria comer, em vez de dar atenção ao que o cérebro dizia ou comer a primeira coisa que encontrava na geladeira. Quando ficava satisfeita, também dava atenção a isso e parava de comer. No passado, reprimia os mecanismos naturais do corpo para o controle do peso, não escutando os sinais interiores de fome e satisfação. Não faço dieta agora, mas tenho uma alimentação mais saudável. Faço exercício porque gosto, não para emagrecer. E me sinto muito bem!

Fran está com uma ótima aparência. Irradia um sentimento genuíno de serenidade e confiança, porque ama a si mesma e a seu corpo. Porque é mais aberta aos outros, também tem relacionamentos mais satisfatórios. Fran é um excelente exemplo do poder de prestar atenção à sabedoria que sempre nos orienta para a saúde.

O princípio na prática

As pessoas gastam bilhões de dólares por ano em programas de emagrecimento, alimentos dietéticos, equipamentos de exercícios e participação em academias e *spas*, tudo com um único objetivo: *perder peso*. Concentramos grande parte de nossa atenção no que comemos, até que ponto somos saudáveis, como podemos melhorar o corpo. Ainda assim, muitas pessoas ainda são obesas e travam uma batalha permanente contra o excesso de peso. E, apesar de termos o sistema de saúde mais caro do mundo, as causas de comportamento de doenças, como comer, fumar e beber em excesso, criam elevados índices de doenças cardíacas, diabetes e outros problemas. Por que isso acontece?

Fran é um exemplo perfeito de como uma pessoa pode perder contato com a verdadeira fonte de se sentir bem. Em vez de encontrar um estado da mente saudável e depois deixar sua sabedoria interior guiá-la de volta a um corpo e psique saudáveis, Fran tentava *sentir-se bem* primeiro através da comida, depois através da perda de peso. Ao aprender os princípios da saúde psicológica, Fran pôde alcançar a paz de espírito. Só quando sua mente estava em paz é que ela podia ouvir os mecanismos homeostáticos *naturais* (processos de auto-regulamentação que permitem manter o equilíbrio do corpo), embutidos em nós para o controle do peso, exercício e saúde.

O corpo humano é uma demonstração milagrosa do poder da saúde; pode curar um osso fraturado, reparar a pele num talho ou recuperar-se de uma lesão. Faz isso com pouca ajuda nossa. O mesmo se aplica ao poder milagroso de nossas mentes. Quando afastamos processos de pensamento não-saudável, nossa saúde psicológica interior cura o passado, supera os hábitos de pensamento perniciosos e nos ajuda a ouvir um sistema de orientação de excepcional inteligência.

Aprenda a ser feliz e a se aceitar. Quando fizer isso, seu estado de saúde perfeito — físico e psicológico — vai aflorar.

---

18. Devolvendo a alegria pelo trabalho

COMO UMA CRIANÇA CRIADA NA CHÁCARA que meus pais possuíam no Meio-Oeste americano, aprendi os valores do trabalho árduo, de me manter ocupado e fazer as coisas que tinham de ser feitas. Tudo isso se tornou ligado aos meus sentimentos de valor próprio e ânimos do dia-a-dia. Se não fazia muita coisa, sentia-me indolente, deprimido e culpado. Se realizava muita coisa, ficava de bom ânimo. Mas não importava quantas tarefas eu completasse, sentia-me compelido por um senso de urgência a fazer ainda mais, apesar de experimentar o trabalho de fato como estressante, exaustivo e desagradável.

O lado positivo dessa ética de trabalho foi que, quando adulto, continuei a ser bastante produtivo. Minha mulher espantava-se com a quantidade de coisas que eu era capaz de fazer num dia. Podia limpar toda a casa em duas horas, escrever uma proposta comercial numa manhã, plantar todas as flores em um único dia. O lado negativo era que eu nunca me divertia durante o processo, não conseguia sentar e relaxar sem me sentir culpado ou ansioso. Pensava em mais uma coisa para fazer e depois mais outra. Isso se prolongava até o final do dia. Para mim, o maior desafio na vida era *ficar quieto*.

Quando aprendi como minha mente funciona, a primeira coisa que tive de absorver foi como *não fazer nada*. Minha mente mantinha-se tão ocupada que sentar na praia e apenas aproveitar — contemplar a beleza, sentir as fragrâncias, ouvir o mar — era um conceito completamente novo. Tinha muito medo de me tornar indolente e não realizar nada na vida se não me apressasse. Esse pensamento me deixava deprimido. Por isso, não saía da esteira rolante de fazer listas e conferir itens à medida que completava as tarefas. Só assim conseguia me sentir bem.

A encruzilhada na estrada

Lembro com nitidez do dia em que finalmente compreendi como ficar quieto e não me sentir constrangido por causa disso. Fiz um estágio de três semanas na Flórida, estudando um novo desenvolvimento em psicologia. Tirar três semanas de folga do trabalho era uma coisa incrível para mim. Causou-me a maior ansiedade.

Tive muitas perguntas a fazer nas duas primeiras semanas do programa. Queria desesperadamente aprender aquele novo método e compreender como ajudar outros através do aconselhamento. Mas ainda não adquirira uma compreensão do método para mim mesmo. Os líderes do programa insistiam em me dizer para apenas ouvir e relaxar. "Tire a tarde de folga e vá à praia", sugeriam eles. "Tente diminuir seu ritmo, Joe. Ficará espantado com tudo o que vai aprender."

Sei muito bem qual é o problema! Eles querem que eu tire a tarde de folga para que possam tirar também!, concluí, desconfiado. *Que golpe!* A perspectiva de não fazer nada durante uma tarde inteira, apenas sentar na praia, provocava calafrios de apreensão por todo o meu corpo. Nunca ficara sem fazer nada. Argumentei que só me restava uma semana no programa. Não fizera muito progresso. Portanto, eu não deveria me empenhar com mais afinco, em vez de ir à praia?

Mas, por outro lado, pensei, *não tenho nada a perder. Poderia aproveitar as férias, o que talvez seja ótimo. Talvez eu precise mesmo aprender a diminuir o ritmo.*

Fui à praia no dia seguinte, dei uma volta com minha mulher, consegui me divertir. Mas, depois de uma ou duas horas de relaxamento, a ansiedade começou a se acumular de novo. Mesmo assim, eu estava determinado a insistir, a continuar sentado na praia, por mais que me sentisse desconfortável. Compreendi que precisava efetuar um salto de fé e apenas confiar que descobriria o que meus professores diziam.

Naquela noite, ao me deitar, mergulhei logo num sono profundo. Despertei de um sonho às três horas da madrugada. E de repente ocorreu-me que fazia sentido tudo o que vinha aprendendo. Sacudi minha mulher.

— Acorde, meu amor. Entendi tudo! Sei agora o que vinham me dizendo!

Minha cabeça estava povoada por um fluxo de percepções. Pela primeira vez na vida, compreendia o poder de relaxar e não tentar definir uma idéia. Como minha mente estava relaxada durante o sono, a compreensão me veio sem esforço. Quase parecia fácil demais e bom demais para ser verdade.

Quando voltei a Minnesota e retomei minha rotina, a percepção que tive naquela noite continuou a aflorar. Verificava num sábado a minha lista de coisas a fazer quando *compreendi* que estava com a maior pressa. Parei no mesmo instante, procurei refletir a respeito. *Talvez eu devesse tentar se é possível fazer alguma coisa com a mente relaxada, em vez de no meu estado estressado habitual.*

Continuei a desenvolver minhas atividades normais durante o dia. Pela primeira vez, no entanto, fazia a opção consciente de parar a intervalos periódicos, tirar uma folga e relaxar a mente. Ao final do dia, conseguira fazer mais do que planejara. E o mais surpreendente é que me sentira satisfeito durante o dia inteiro, tanto nas horas do trabalho quanto nos momentos de folga, sem me sentir nem um pouco exausto.

A encruzilhada na estrada para mim foi aprender que podia ser feliz de qualquer maneira... mesmo que não estivesse fazendo coisa alguma. Também compreendi que não precisava me sentir culpado para ficar motivado. Porque aprendi a ter fé na existência de minha inteligência mais profunda ou sabedoria — que me orientaria quando estivesse com a mente relaxada —, compreendi que, à medida que as tarefas necessárias afloravam em minha mente, não mais precisava me lançar a um diálogo interior longo e tenso, em que me intimidava a ficar motivado. Agora, meu lema era o mesmo da Nike: *Just do it!* Apenas faça.

Para meu espanto, descobri que podia ser muito bem-sucedido, fazer as coisas no trabalho e em casa, e ainda dispor de tempo em que nada fazia além de relaxar, ouvir os passarinhos, contemplar o pôr-do-sol, ficar de mãos dadas com minha mulher, sem me sentir culpado ou ansioso. Aprendi a desfrutar a vida no momento. A bonificação adicional foi que, ao *fazer* ativamente — recolhendo as folhas caídas do jardim, limpando a casa, pagando contas, arrumando uma sala —, sempre fazia as coisas sem esforço, também apreciando esses momentos. Em decorrência, os limites entre trabalho e diversão começaram a se tornar indistintos.

O princípio na prática

Uma coisa importante que compreendi é que os seres humanos não são intrinsecamente preguiçosos, mas sim *intrinsecamente motivados. Ser intrinsecamente motivado significa que a motivação é natural.* Para observar esse princípio em ação, basta espiar uma criança brincando por horas a fio, fazendo um castelo de areia ou um forte, aprendendo a falar ou andar, para testemunhar a motivação intrínseca. Para nós, pode parecer que a criança está apenas brincando... *brincadeira de criança*, como chamamos. As crianças brincando, no entanto, estão aprendendo habilidades muito importantes — linguagem, habilidades motoras, coordenação, trabalho de equipe, imaginação e criatividade —, algumas das mais importantes que podemos adquirir, tudo em nome da diversão.

Só quando começamos a pensar no aprendizado como um "trabalho árduo" é que tiramos a diversão e passamos a considerar uma chatice. Porque não confiamos em nossa motivação natural, criamos um estado mental interno de escravidão e nos impelimos à ação através de exortações negativas: "Você está muito preguiçoso hoje. Levante-se e entre em ação." Muitas pessoas escutam fitas motivacionais, fazem listas e desenvolvem sistemas elaborados de administração de objetivos e tempo em grande parte porque presumem que sem esses instrumentos não conseguiriam fazer qualquer coisa.

Quando você começar a ter fé em sua saúde mental inata e sua sabedoria interior, ficará surpreso ao descobrir que está mais motivado a fazer coisas; e, no processo, vai também verificar que será mais agradável. Pode até se descobrir "assoviando enquanto trabalha".

Aproveite a motivação natural e
devolverá a alegria pelo seu trabalho.

---

19. "Papai, meus pensamentos mudaram!"

Kevin, um grande amigo meu, estava na cozinha, preparando o jantar, quando seu filho, Cory, entrou correndo na casa, fervendo de raiva, batendo os pés a cada passo, enquanto gritava:

— Odeio a Molly! Vou matar a Molly!

— Por que não vem até aqui, senta e me conta o que aconteceu? — sugeriu Kevin, indicando um banco.

Cory sentou, furioso. Tinha os punhos cerrados, o rosto avermelhado, os braços cruzados, o lábio inferior projetado em desafio, o queixo erguido numa expressão de firmeza. Kevin sabia que não havia a menor possibilidade de o filho mudar de ânimo naquele instante. Por isso, em vez de tentar dissuadi-lo, virou-se para mexer o molho no fogo.

A encruzilhada na estrada

Não mais que meio minuto depois, Cory rompeu o silêncio, indagando em voz suave e curiosa:

— Vai acrescentar todo o leite ao molho?

Kevin mal foi capaz de reagir, aturdido pelo ânimo do filho mudar de maneira tão drástica. Num instante ele estava cheio de ódio e raiva da irmã; no seguinte, era como se isso nunca tivesse acontecido ou pertencesse a um passado remoto. Kevin observou que os olhos de Cory estavam claros, as mãos relaxadas, a postura era curiosa e positiva, a pele recuperara a cor normal. Perplexo, Kevin sorriu e perguntou:

— Cory, você estava zangado com Molly há poucos minutos, não é?

— Claro.

O menino também ficou perplexo, como se especulasse o que isso tinha a ver com despejar mais leite no molho.

— Mas não está mais zangado agora, certo?

— Certo.

— O que aconteceu?

Cory pensou por um momento. Depois, seus olhos faiscaram e ele respondeu:

— Meus pensamentos mudaram!

Depois de me relatar essa história, Kevin acrescentou:

— Fiquei tão satisfeito que me adiantei e dei um abraço apertado em Cory. Era um exemplo perfeito da maneira como nossos pensamentos criam diretamente nossa experiência de vida. Depois, nós dois conversamos a respeito. Era evidente que nada mudara. A irmã continuava no quintal dos fundos. Não havia nenhuma alteração nas circunstâncias. Mas ele mudara por completo... de um menino dominado pela raiva para a própria imagem da curiosidade relaxada, em apenas 10 ou 15 segundos.

Pela convivência com Kevin e sua família, tenho observado que Cory e sua irmã Molly se dão em geral muito bem, para irmãos com seis e nove anos de idade. O mais bonito é que eles não apenas superam as coisas depressa, como acontece com muitas crianças, mas também compreendem *como* superá-las. Kevin ficou mais satisfeito com a percepção de Cory, cujos pensamentos haviam mudado, do que com o fato de o ânimo ter se transformado.

Kevin e sua mulher, Linda, começaram a aprender os princípios do funcionamento psicológico saudável antes de as crianças nascerem. Perguntei a Kevin se sua compreensão dos princípios fizera alguma diferença na criação dos filhos.

— Nossa consciência desses princípios cresceu lentamente ao longo dos anos — respondeu ele. — Ainda somos humanos, é claro, e temos momentos em que puxamos uma briga ou um dos dois fica deprimido. Mas, de modo geral, creio que mostramos para nossos filhos como é viver num estado mental saudável. Mesmo quando há tensão entre nós, falamos com as crianças a respeito depois que passa, explicando como os ânimos e os pensamentos mudam. Acho que as crianças não se sentem assustadas com a nossa depressão porque sabem que o estado negativo é temporário; sabem que logo voltaremos à saúde. Não fazemos preleções para as crianças sobre os princípios, mas sempre encontramos ocasiões para ensinar alguma coisa. Tratamos seus momentos difíceis ou os nossos como oportunidades para ensinar sobre pensamento e ânimos, como podemos criar nossa experiência.

— Esta compreensão me proporcionou confiança em mim mesmo e na vida. Não reajo com exagero quando estou irritado ou quando isso acontece com as crianças. Por exemplo, se fico furioso com as crianças e as mando de castigo para o quarto, mas depois compreendo que as crianças nada fizeram, eu apenas explodi por causa do meu ânimo negativo, não preciso pensar: "Oh, Deus, será que estraguei meus filhos? Eles vão me odiar por isso quando tiverem 15 anos?". Posso pôr a situação em sua devida perspectiva, compreender que sou apenas humano, e não me preocupar mais com essas coisas. Meus filhos sabem disso também, estão crescendo com um sentimento de profunda segurança, com a compreensão de que as pessoas fazem coisas erradas porque são humanas, mas depois voltarão a fazer tudo certo. Sabem que no outro lado da raiva se encontram a compaixão e o amor, que nossa saúde retornará. Há um enorme conforto para eles nisso. Não precisam entrar em pânico se os pais começaram a brigar, porque sabem que depois vão perdoar um ao outro, que o problema será superado. Sabem que, se ficarem zangados ou transtornados, seu estado de equilíbrio acabará voltando. Sabem que não precisam ser perfeitos.

As palavras de Kevin lembraram-me uma visita recente deles. Eu pedira a Cory que não desligasse meu computador quando terminasse de jogar seus videogames, mas me pedisse para fazê-lo. (Ele tirara o pino da tomada numa ocasião anterior.) Mais uma vez, no entanto, ele desligou o computador, apesar do meu aviso. Quando o confrontei, ele não demonstrou medo, diante de um adulto enorme, apesar de saber que cometera um erro grave. Pediu desculpas, mas sabia que estava tudo bem. Não se apavorou. Sabemos que podemos nos perdoar uns aos outros. Kevin comentou:

— Acho que a melhor maneira pela qual essa compreensão me ajudou é a capacidade de perdoar a mim mesmo como pai. Minha imperfeição como pai se manifesta todos os dias. Numa vida em que as boas maneiras sempre predominam, o perdão é fácil. Isso permite que eu viva com tranqüilidade, sem me deixar dominar por pensamentos negativos, como preocupação, culpa e ressentimento.

O princípio na prática

Um dos conceitos básicos do bem-estar psicológico é o de que as crianças nascem com saúde mental. Cory e Molly são exemplos maravilhosos desse princípio. As crianças, como os adultos, têm seus altos e baixos, os ânimos positivos e negativos. Mas as crianças ainda não aprenderam a se ater a pensamentos do passado. Por isso, não costumam processar as experiências por longos períodos. Cory estava num acesso de raiva contra a irmã num momento, mas dominado por uma fascinante curiosidade sobre o leite que o pai derramava no molho no instante seguinte. É um exemplo de como *os ânimos são criados de momento a momento, através do nosso pensamento*. Quando os pensamentos mudam, os ânimos também mudam. Os ânimos só persistem quando insistimos em acalentar os mesmos tipos de pensamentos.

Ter saúde mental não significa que somos perfeitos... que sempre somos equilibrados e positivos. *Ter saúde mental é manter um suave fluxo de pensamento.* Quando sabemos disso, começamos a nos sentir seguros e esperançosos. Sabemos que os pensamentos são como o tempo; basta esperar um pouco que eles mudam.

À medida que compreendemos a normalidade das mudanças de ânimo e como a vida pode parecer diferente na dependência de se estar exultante ou deprimido, podemos perdoar a nós mesmos e uns aos outros. O perdão é a pá de lixo dos relacionamentos humanos. Sempre vamos cometer erros e considerar coisas em termos pessoais, mas o perdão nos permite passar para o momento seguinte, revigorados e livres do passado. Foi por isso que Cory ficou perplexo quando o pai se referiu à raiva do momento anterior. Ele já passara para uma nova realidade, um novo momento.

Como pais, o melhor que podemos oferecer a nossos filhos é a dádiva da nossa saúde mental. Ensinamos pela maneira como vivemos, não fazendo preleções sobre a maneira como as crianças devem viver. Sempre haverá, no entanto, momentos propícios ao aprendizado, que nos permitem partilhar com as crianças a compreensão dos princípios. Esse momento será determinado pelas circunstâncias. Sempre haverá muitas oportunidades para aprender. Quando Cory entrou na cozinha, num acesso de raiva, Kevin não reagiu nem tentou mudá-lo. Tinha fé na capacidade inata de Kevin de sair daquela situação. O reconhecimento e o respeito de Kevin, percebendo que o filho não se encontrava receptivo naquele instante, impediram o que poderia ser uma prolongada situação negativa. Quando ensinamos a saúde e a compreensão a nossos filhos, estamos lhes proporcionando a maior dádiva possível: o sentimento de segurança. Uma criança segura é uma criança feliz, uma criança que aprende com facilidade, uma criança que ama.

A melhor maneira de ser pai é viver com saúde mental e se permitir ter falhas humanas. Aceite a si mesmo e a seus filhos pelo que faz com que todos sejamos humanos.

20. Ânimos negativos podem distorcer nossa percepção das circunstâncias

TIVE A SENSAÇÃO DE QUE NADA ESTAVA dando certo para mim numa determinada terça-feira. Deveria ter voado para Michigan no sábado, a fim de realizar um seminário, mas fora obrigado a adiar a viagem porque caíra doente com um vírus. Minha doença persistiu obstinada por quatro dias, junto com uma febre de quase 40º C. Quando chegou a terça-feira, porém, eu já me encontrava em condições de viajar, mas parecia que me deparava com um obstáculo atrás do outro.

Foi uma comédia de erros. Ainda não havia almoçado quando peguei o avião, mas a empresa não serviu qualquer coisa sequer remotamente comestível. Cheguei ao aeroporto de Detroit pensando em alugar um carro para ir até Lansing. Mas, por alguma razão misteriosa, não restava um único carro para alugar em toda a cidade de Detroit. Depois de inúmeros telefonemas inúteis para todas as agências de aluguel de carros da cidade, minha fome aumentava e meu nível de energia baixava depressa, junto com a minha paciência.

Procurei o serviço de auxílio aos viajantes, para ver se tinham alguma sugestão. Recomendaram que eu consultasse uma empresa de táxis. A mulher que trabalhava ali me disse que o percurso de 150 quilômetros custaria 275 dólares. *É um roubo*, pensei, furioso. *Talvez fosse melhor continuar na cama*. Eu já estava começando a detestar o aeroporto de Detroit.

Frenético, tentei falar com a secretária da organização em que faria o seminário, para perguntar se ela tinha alguma sugestão. Só consegui localizá-la depois de 20 minutos. Ela também não sabia o que fazer, mas prometeu que tentaria descobrir uma solução.

— Ligue-me dentro de 20 minutos e terei uma resposta — disse ela. — Enquanto isso, verifique se há algum vôo para Lansing.

— Está certo — murmurei cansado, antes de desligar.

Subitamente, percebi que minha mala não estava à vista na esteira rolante. Comecei a entrar em pânico. *Será que tudo vai sair errado hoje?*, especulei, enquanto procurava ansioso por minha mala.

Acabei descobrindo que esperava no lugar errado. Minha mala aparecera 15 minutos antes em outra esteira rolante. A esta altura, eu estava com a sensação de que sofrera morte cerebral. *Sabia que deveria ter ficado em casa*, pensei, exausto. *Não consigo pensar direito*.

O aeroporto parecia um lugar deprimente, com o chão sujo, as latas de lixo transbordando. Todos pareciam hostis. Eu só conseguia pensar em como minha cama era um lugar maravilhoso.

Subi com a mala pela escada rolante até o balcão de passagens. Deparei com uma fila de 150 pessoas. Decidi falar com a empresa aérea pelo telefone, porque sabia que não agüentaria ficar naquela fila. O agente informou que haveria um vôo para Lansing dentro de 20 minutos e que ainda restava um lugar. *Minha sorte está mudando!*, pensei, triunfante, permitindo-me um momentâneo raio de esperança.

— Mas terá de comprar sua passagem no balcão, senhor — acrescentou o agente de reservas — porque está quase na hora do vôo.

Senti um aperto no coração ao olhar para a enorme fila à minha frente. Como parecia não haver opção, entrei na fila, que avançava num ritmo de tartaruga. Dava para perceber que não havia a menor possibilidade de chegar ao balcão, comprar a passagem e correr para o portão a tempo de pegar o avião. Ao mesmo tempo, meu estômago suplicava por alguma coisa para comer, porque já eram quase cinco horas da tarde. Pelo canto dos olhos, avistei um funcionário da Northwest passando pela fila. Abordei-o.

— Com licença, senhor. Há alguma possibilidade de passar para a frente da fila? Se não fizer isso, perderei meu avião.

— Não, mas pode comprar a passagem no portão, se for só de ida — informou ele, em tom confidencial.

— Obrigado. Talvez assim eu consiga pegar o avião.

Corri para o portão, a dez minutos do balcão, notando todos os lugares de comida pelo caminho e arrastando minha pesada mala. Cheguei sem fôlego, exausto e faminto.

— Ainda dá para pegar o vôo de cinco e vinte para Lansing? — perguntei ao agente no portão.

— O vôo está com um atraso de cinqüenta minutos — respondeu ele. — Mas não pode comprar a passagem aqui. Terá de voltar ao balcão.

— Mas estava lá e me informaram que poderia comprar a passagem aqui! — protestei, confuso e desanimado.

— Sinto muito, senhor, mas não podemos vender passagens aqui. A informação foi errada. Terá de voltar ao balcão. Mas, se correr, talvez ainda consiga embarcar no avião, pois o vôo está atrasado.

A encruzilhada na estrada

Ainda arrastando minha mala, subi correndo pela escada rolante quebrada, passei pelos lugares de comida, fui até o balcão com a fila enorme. Finalmente cheguei ao balcão e comprei a passagem, com tempo suficiente para comer um sanduíche antes de ir para o portão. Os pensamentos que me passavam pela cabeça, a esta altura, eram quase todos impublicáveis. Eram tão hostis que não pude deixar de perceber como meu ânimo era negativo.

Pensei por um instante que minha doença, fome e estado da mente podiam muito bem estar contribuindo para a maneira como eu percebia tudo aquilo. Mas tratei de descartar esse pensamento. Meus sentimentos de raiva e frustração com a situação eram sem a menor dúvida justificados, insisti para mim mesmo. Mas as dúvidas sobre meu pensamento e percepção começaram a me importunar. Depois que comi o sanduíche, e a sensação de fome acabou, as dúvidas sobre as minhas percepções voltaram, desta vez com mais credibilidade. *Talvez meu ânimo esteja negativo*, refleti.

No avião para Lansing, eu já adquirira suficiente distância emocional para quase achar graça da situação crítica que enfrentara no aeroporto de Detroit. Imaginei-me a relatar a história para o grupo do seminário no dia seguinte, como um grande exemplo de como o ânimo negativo afeta a tomada de decisão. Meu ânimo melhorou à medida que me aproximava de Lansing. Todos os problemas desapareceram quando meu contato me pegou no aeroporto. Parecia agora que tudo não passara de um pesadelo.

O princípio na prática

Qualquer que seja a causa dos nossos ânimos negativos, o fato é que em geral eles distorcem a nossa percepção das circunstâncias. Quando estamos num ânimo negativo, esquecemos momentaneamente de onde vem nossa experiência... do nosso pensamento. Em vez disso, parece que somos apenas vítimas das circunstâncias. Foi assim que me senti no aeroporto de Detroit.

Quando isso acontece, nossas reações emocionais negativas geram uma reação em cadeia de decisões ruins, uma incapacidade de encontrar soluções e uma distorção perniciosa das circunstâncias.

Poucos dias mais tarde, quando voltei ao aeroporto de Detroit, descansado, saudável e num ânimo positivo, todos pareciam ser muito prestativos. Até o ambiente parecia mais atraente. Foi espantoso para mim constatar que, mesmo sabendo o que sei sobre a maneira como o pensamento e o ânimo negativo podem distorcer as percepções, ainda podia ser dominado pela ilusão do pensamento momentâneo e ser totalmente enganado por minhas percepções.

Pense em seus ânimos como uma espécie de "tempo interno". Assim como o tempo pode mudar de um dia para outro, até de uma hora para outra, o nosso pensamento também flutua em sua qualidade. Transforma-se de momento a momento por uma variedade de razões: falta de sono, fome, doença, desapontamento, mudanças fortuitas de pensamento. A causa dessa flutuação de nosso pensamento não tem importância. O importante é lembrarmos qual é a fonte de nossa experiência: nosso pensamento. Quando fazemos isso, compreendemos que o ânimo negativo está criando percepções que não são mais reais do que a miragem de um oásis no deserto. Se sabemos que é uma miragem em vez de uma realidade concreta, não vamos passar muito tempo em seu encalço. Considere seus ânimos como uma miragem. Assim, vai se proteger de muitos males que inflige a si mesmo.

Considere seus ânimos como o tempo interno que afeta suas experiências de um momento para outro. Aprenda a esperar pelo término das tempestades para tomar decisões importantes.

---

21. Confie no poder de uma mente calma

Você já entrou em pânico por perder alguma coisa ou por não se lembrar de alguma coisa que acabou impedindo que o pensamento aflorasse à mente? Quando ficamos transtornados e apavorados, parece até que nosso QI baixa. As soluções ou lembranças mais simples e óbvias ficam bloqueadas.

Lembro de uma ocasião num baile na escola secundária. Ia apresentar um amigo a uma garota por quem me sentia bastante atraído. Sentia-me tão nervoso e inseguro em sua presença que nem consegui lembrar o nome do meu amigo! Meu rosto ficou vermelho, e nunca mais quis ver de novo aquela garota. *Ela deve ter pensado que sou um idiota rematado!*, pensei. Conhecia meu amigo há três anos e o encontrava quase todos os dias. Contudo, sob pressão e num estado de insegurança, fui incapaz de recordar a informação mais básica a seu respeito: o nome. Claro que o nome do meu amigo voltou-me assim que a garota se afastou.

Se eu pude esquecer o nome de meu amigo, você pode imaginar como lhe seria fácil esquecer alguma coisa importante ou não perceber a solução para um problema quando se sente sob intensa pressão. Um cliente meu, Craig, relatou recentemente um incidente um tanto doloroso:

— Encontrei o anel de diamante certo para Kris. Custou uma fortuna, mas eu queria fazer uma surpresa especial. Decidi levá-lo em nossas férias na Flórida e só apresentá-lo quando chegássemos lá, no lugar romântico apropriado. Mas, quando chegou o momento, à noite, entrei em pânico. *Onde guardei o anel?*, pensei. *E se não conseguir encontrá-lo? Ela ficará furiosa se souber de todo o dinheiro que gastei, só para perder o anel. Oh, não! Estraguei tudo.*

Craig procurou em toda parte, revistou sua bagagem, o apartamento, o carro. Foi tudo em vão. Kris sentiu o pânico de Craig e desconfiou que havia algum problema grave. *Será que ele está querendo romper comigo?*, pensou ela. *Talvez ache que seria melhor se não tivéssemos viajado em férias juntos.* Não demorou muito para que os dois entrassem numa discussão, abastecida pela suspeita de Kris e a obsessão de Craig pelo anel.

A encruzilhada na estrada

Craig continuou a pensar: *Ela compreenderia se soubesse por que estou tão transtornado, mas eu queria que fosse uma surpresa.* Finalmente, às quatro horas da madrugada, insone em Sarasota, ele perdeu o controle e contou a verdade. Kris sentiu-se tão comovida e emocionada que disse a Craig:

— O anel não é importante, Craig! A única coisa que importa é que você quer casar comigo!

Nesse momento, Craig lembrou o que aprendera sobre o pensamento: *Quando você se acalma e relaxa em relação a um problema, a solução surge automaticamente através de sua sabedoria.* Ele e Kris choraram. Craig dormiu, convencido de que tudo acabaria dando certo, de alguma forma.

Às quatro e meia da madrugada, Craig sentou na cama abruptamente, acometido por um pensamento, como se fosse um raio: *O anel! Foi lá que o guardei! Escondi sob o painel do carro, para que ninguém pudesse encontrá-lo! Não posso acreditar que não tenha conseguido me lembrar da coisa mais importante em minha vida!* Ele saiu correndo do apartamento e foi encontrar o anel onde o guardara. Sentiu tanto alívio e alegria que subiu pela escada correndo, caiu de joelhos diante de Kris e pediu-a em casamento.

O princípio na prática

No momento em que reconhecemos nosso pensamento não-saudável — no caso de Craig, o pânico —, ficamos na encruzilhada na estrada. Agora é tempo de confiar no poder de sua sabedoria ou voltar para a zona de alta pressão de preocupação, medo, pânico e obsessão. Através da compreensão de Kris e do reconhecimento de Craig de que o pânico bloqueava sua mente, ele pôde esquivar-se de seu dilema e dormir. No sono, a solução simples e óbvia aflorou à superfície, sem qualquer esforço.

Pense em sua mente como um poço de água com lodo no fundo. Se Craig jogasse o anel lá dentro e entrasse em pânico, o pânico agitaria o lodo. O anel ficaria imóvel no poço, mas oculto pela água turva. Nem mesmo a maior agitação em torno do poço revelaria o anel. Mas relaxar, sem fazer nada, confiando que a resposta estava à espera, daria tempo para o lodo assentar, expondo o anel na água clara. O mesmo acontece com sua mente.

Quando você confia no poder de sua sabedoria, pode se livrar dos pensamentos não-saudáveis, como a preocupação e o pânico. Sem esforço, a solução ou lembrança vai aflorar do lugar em que sempre esteve: dentro de você.

Uma mente serena é como um poço de água clara.

---

22. Determine novos limites

KAREN SEMPRE FOI UMA PESSOA GENTIL, compadecida e paciente. Detestava o conflito e tinha dificuldades em lidar com pessoas furiosas. Quando criança, era frágil e sensível aos outros. Como esposa e mãe, tendia a ser pacificadora em sua família, um amortecedor entre as duas crianças e seu marido, Tom.

Tom situava-se no outro lado do contínuo de Karen. Era muito agressivo e estourado, tendia a culpar os outros por suas dificuldades. Como policial, ele tinha uma interação agressiva com pessoas durante o dia inteiro. À noite, quando chegava em casa, tendia a tratar Karen e os filhos com o mesmo estilo agressivo, embora soubesse que era às vezes muito áspero e impaciente.

Karen passou os primeiros 12 anos do casamento sendo paciente com Tom, servindo de mediadora entre ele e as crianças. Vivia essencialmente com medo. Como uma defesa contra todo esse medo, ela desenvolveu uma mente ocupada, sempre pensando em maneiras de superar as divergências entre Tom e os filhos, como mantê-lo feliz, para ele não explodir. Um dia ela descobriu que perdera o amor que sentia por Tom.

Quando se permitiu reconhecer sua indiferença, tornou-se ainda mais assustada com as implicações dessa percepção. Deveria obter o divórcio? Como isso afetaria os filhos? O que sua família pensaria? Finalmente, ela tomou coragem e declarou um dia:

— Não quero mais fazer isso.

— Fazer o quê?

— Não posso mais viver com sua raiva, sua culpa, a constante tensão nesta casa. Não sei o que vou fazer, apenas tenho certeza de que o nosso relacionamento precisa mudar.

Karen sentia-se surpresa pela maneira calma e confiante com que falava. — Acho que devemos procurar um aconselhamento.

— Talvez seja mesmo bom para você, Karen — respondeu Tom, obviamente evitando a sugestão de que ambos deveriam ir.

— Não há problema. Irei sozinha.

Karen estava determinada a mudar sua vida. Não tinha importância se Tom a acompanharia ou não. Ela não se importava mais.

Quando teve a primeira reunião com a conselheira, Karen sentia-se perturbada, confusa e assustada. Não sabia se devia ou não deixar Tom. A conselheira recomendou que não tomasse essa decisão enquanto não tivesse certeza do que queria.

Durante as semanas seguintes, Karen recuperou sua calma e compreendeu que as coisas haviam mudado em caráter permanente dentro dela. Não mais se sujeitaria aos abusos do marido. Nessa mesma ocasião, ocorreu um fato interessante: Tom parou de culpá-la. Ainda começava a gritar com ela ou os filhos de vez em quando, mas parava no instante seguinte.

A situação era agora muito mais agradável para Karen e as crianças, mas ela ainda não sentia amor por Tom. Deixou de ser indiferente e cansou-se de evitar os julgamentos. Começou a ver Tom como uma pessoa nova, que conhecia pela primeira vez.

A encruzilhada na estrada

Um dia Karen teve de trabalhar depois do expediente. Chegou em casa mais tarde do que esperava. Foi recebida na porta pela raiva de Tom.

— Onde você estava? — gritou ele. — Seus filhos perderam completamente o controle! Tina teve um acesso de raiva e Jeremy saiu de casa batendo a porta, não sei para onde. Se você estivesse em casa, isso não teria acontecido.

Karen se surpreendeu ao constatar que não se sentia assustada ou intimidada com a raiva do marido. Sua nova compreensão era a proteção de que precisava. Permaneceu calma. Não se sentiu compelida a ocupar a mente com soluções para "consertar" a situação ou Tom, como teria feito no passado. Era evidente para ela que o marido recaíra em seu antigo comportamento, perdera o controle por completo.

— Tom, não creio que este seja o momento apropriado para conversarmos. É óbvio que você está transtornado. Não vou conversar enquanto estiver culpando a mim e aos outros por sua raiva. Vamos deixar para conversar depois que você se acalmar.

A determinação de Karen era inabalável. Tom respondeu em fúria:

— Se é assim, vou embora! É mesmo o que você quer!

Ele subiu correndo, arrumou uma mala, bateu a porta ao sair. Mais uma vez, Karen ficou espantada e satisfeita por não ter se assustado. Sentia-se calma e controlada. Sabia que tudo acabaria dando certo, *se mantivesse aquela calma poderosa*. A filha, Tina, estava apavorada com toda a tensão e chorava no sofá. Karen sentou ao seu lado e confortou-a.

— Está tudo bem, Tina. Papai está apenas um pouco transtornado. Verá as coisas de maneira diferente quando se acalmar. Vamos alugar um vídeo e nos distrair um pouco, só nós duas.

— Seria ótimo, mamãe — murmurou Tina, surpresa com a reação calma da mãe.

Pouco depois, Jeremy voltou e anunciou que passaria aquela noite na casa de um amigo.

— Acho que é uma boa idéia, Jeremy — disse Karen. — Você e seu pai precisam passar algum tempo longe um do outro, a fim de recuperarem a devida perspectiva.

Karen e Tina passaram uma noite especial. Por volta das dez horas da noite, Tom voltou para casa. Subiu direto para o quarto, sem falar nada. Karen sabia que seria melhor esperar até de manhã para conversarem. No dia seguinte, Tom acordou com um ânimo de remorso e disse:

— Karen, sinto muito pelo que aconteceu ontem à noite. Não sei o que deu em mim. Acho que não sei como lidar com todas as mudanças, e voltei sem pensar ao meu antigo comportamento. Vamos passar o fim de semana fora, só nós dois. Você gostaria?

— Não sei, Tom — respondeu Karen. — Deixe-me pensar a respeito.

Ela mal pôde acreditar que dissera isso. No passado, aproveitaria no mesmo instante a oportunidade de acertar as coisas com Tom. *Daqui por diante*, pensou ela, *quero tirar todo o tempo que precisar para tomar decisões, com base em minha sabedoria, não em meus hábitos antigos.*

Depois de algum tempo, ela refletiu que a viagem poderia ser uma boa idéia. Começou a se sentir ansiosa pelo fim de semana. Depois de duas ou três horas, ela disse a Tom:

— Está bem, vamos passar o fim de semana fora. Para onde você quer ir?

— Que tal aquele hotel para onde fomos em nosso primeiro aniversário de casamento?

— Boa idéia.

— Pode deixar que providenciarei tudo — declarou Tom, feliz com a resposta.

Naquele fim de semana, para sua grande surpresa, Karen voltou a se apaixonar pelo marido. Na ocasião em que já não importava mais para ela o que aconteceria, tudo parecia se ajustar. Tom concordou em procurar um conselheiro para ajudá-lo com seu temperamento difícil. Tiveram um novo começo no casamento.

O princípio na prática

Parece ser uma ocorrência comum nos relacionamentos que os opostos se atraem. Karen, uma pessoa doce e paciente, casou com Tom, uma pessoa agressiva e impaciente. Karen precisava aprender a ser forte e determinar limites. Tom precisava aprender a ser sensível e respeitoso com os outros. A crise conjugal tornou-se uma oportunidade para os dois crescerem.

Todos os seres humanos desenvolvem mecanismos para lidar com as circunstâncias que a vida lhes apresenta. Eventualmente, esses mecanismos tornam-se obsoletos e precisam mudar. Para Karen, perder o amor por Tom foi um toque de despertar, avisando que alguma coisa precisava mudar. Sua mente se tornara tão ocupada em mediar e consertar — tudo para evitar seu medo de conflito e raiva — que perdera os sentimentos de amor. Tom, por outro lado, usava a raiva para evitar a intimidade e a vulnerabilidade. O fato de Karen cobrar de Tom seu comportamento foi sem dúvida a melhor coisa que podia lhe acontecer.

O primeiro passo para Karen foi *recuperar o rumo*, acalmar a mente ocupada. Nesse estado de calma, ela descobriu um novo senso de força e determinação. Seu medo desapareceu e foi substituído por uma capacidade de fixar limites, mas sem agressão. Quando não era mais uma refém do medo, ela pôde assumir o risco de determinar um limite para a raiva de Tom.

Quando nossa mente está calma, temos acesso à nossa sabedoria, sempre repleta de novos pensamentos, percepções e idéias sobre novas maneiras de ser. Para evoluir num relacionamento, devemos acessar essa força interior ou estaremos substituindo um hábito ruim por outro. Relaxe e descubra uma nova maneira de ser. Talvez você acabe descobrindo que pode se apaixonar de novo pela mesma pessoa.

Uma mente serena é realmente poderosa e nos dá a resposta perfeita para qualquer momento.

23. Seguro num mundo hetero

QUANDO DEIXAVA SEU EMPREGO como conselheira numa clínica, Jan precisava encaminhar seu paciente Jack para outro terapeuta. Jack compreendeu a situação, mas disse a ela:

— Não me importo de ver outro terapeuta, só não quero que seja gay.

As palavras de Jack deixaram Jan aturdida. Os dois haviam conseguido estabelecer um bom contato durante dez sessões. Mas, sem que Jack soubesse, ela era lésbica. A princípio, Jan ficou confusa. Especulou, ansiosa: *O que ele pensaria de mim se soubesse? Como as pessoas podem ser tão preconceituosas? Ele deveria saber só de olhar para mim, que também sou homossexual. Todo mundo não percebe?* O corpo de Jan ficou tenso, enquanto ela experimentava os sentimentos bastante familiares de ser julgada por sua orientação sexual.

A encruzilhada na estrada

Enquanto seus pensamentos se acalmavam, Jan recuperou o controle. Aprendera sobre o bem-estar mental através de uma série de sessões de treinamento oferecidas por seu empregador. Resistira a princípio às novas idéias, porque conflitavam com muitas de suas teorias anteriores de psicologia. Mas agora estava começando a entender. Em vez de continuar a se obcecar por si mesma e o que Jack podia pensar a seu respeito, Jan passou a sentir pena dele. Compreendeu que os pensamentos de Jack eram a fonte de seu julgamento, mas isso não fazia com que fosse uma pessoa má. No passado, ela ficaria insegura e tentaria apressar a sessão, a fim de evitar o desconforto. Desta vez, no entanto, Jan se acalmou e recuperou a compaixão que sentira por ele nas sessões anteriores. Mais tarde, ela me disse:

— Finalmente aprendi a não considerar em termos pessoais os pensamentos de meus clientes, por mais pessoais que fossem.

Naquele momento da sessão, Jan fitou Jack nos olhos e disse:
— Você já se consultou com uma terapeuta gay.
— Como assim? — perguntou Jack, confuso.
— Eu sou gay.
— Mas usa uma aliança de casada e tem filhos!
— É verdade. Minha parceira e eu somos casadas e temos filhos.

Jack ficou ainda mais confuso. Jan não pôde deixar de sentir uma certa empatia por ele em sua confusão. Disse que poderia encaminhá-lo a diversos terapeutas não-gays que trabalhavam na clínica, mas havia também vários terapeutas excelentes que por acaso eram gays. Mas garantiu que respeitaria seus desejos. Quando me falou sobre o incidente, Jan comentou:

— Pela primeira vez, senti-me segura ao confrontar o preconceito contra homossexuais. Também sou uma treinadora de diversidade. Houve ocasiões em que me sentiria constrangida de reconhecer que sou gay. Ficava preocupada com o que as pessoas pensariam, se ainda me respeitariam como treinadora, e assim por diante. Mas, agora que compreendo que *é meu pensamento sobre os pensamentos dos outros que me leva a uma reação*, posso mudar isso.

— Uma das coisas mais incríveis para mim é a maneira como reajo agora aos homens. Costumava sentir medo até de ficar a sós numa sala com um homem. Evitava a companhia de homens, quase não tinha relacionamentos com eles. Mas agora tenho um sentimento de amor por muitos homens em minha vida. Não tenho problemas com o "espaço seguro das mulheres", como se diz na cultura lésbica. Não preciso evitar a metade masculina da raça humana. Mesmo que alguém seja preconceituoso contra gays, percebo agora que tenho uma imunidade embutida contra esse tipo de preconceito. Sei que o problema está no pensamento das pessoas, não em quem elas são. Não tenho de interiorizar nem encarar em termos pessoais. Sei agora que posso me sentir segura em qualquer parte.

O princípio na prática

Vivemos num mundo cheio de preconceitos. Na medida em que acreditam em suas idéias pré-formadas sobre outros, baseadas em orientação sexual, raça, idade, religião, nacionalidade, convicções políticas e características físicas, as pessoas são preconceituosas. Isso significa que todos nós temos pensamentos preconceituosos. Mas, se podemos reconhecer as convicções como pensamentos, podemos nos livrar e evitar que interfiram com o nosso conhecimento de outros seres humanos.

Jan compreendeu que *sua reação* ao preconceito das outras pessoas contra sua orientação sexual era um problema seu, não delas. Compreendeu que os pensamentos dos outros nada tinham a ver com ela, a menos que os considerasse em termos pessoais. Ao reconhecer seu pensamento, ela foi capaz de se sentir livre e segura num mundo de preconceitos. E, quanto mais aprendeu a não reagir às convicções de outras pessoas, maior seu mundo se tornou. E, ironicamente, quanto mais à vontade ela se sentia consigo, mais os outros a aceitavam. Até Jack compreendeu mais tarde como fora intolerante, provavelmente porque Jan não teve uma reação defensiva, mas de compaixão. O que fez com que Jack repensasse suas convicções.

Não considere em termos pessoais os julgamentos de outras pessoas: Você vai se sentir sempre seguro.

---

24. Morte sem perda

COMO É POSSÍVEL QUE UMA FAMÍLIA muito unida perca um de seus membros e não sinta tragédia, sofrimento ou um enorme senso de perda?

No mínimo, pode-se desconfiar de alguma forma de negação em ação. A história seguinte é sobre uma família que experimentou a morte do marido e pai num nível tão profundamente espiritual que o pesar não era parte da experiência.

No dia 21 de junho de 1998, a família passava o fim de semana em uma de suas inúmeras viagens de *camping*, num parque estadual em Minnesota. Por volta das três horas da tarde, Will, um corredor ávido, decidiu sair para um exercício.

Eram quatro e quinze da tarde quando Charlotte começou a preparar o jantar no acampamento. Nervosa, ela se perguntou por que Will ainda não voltara da corrida. Mas calculou que devia ser por causa do joelho, que ultimamente o vinha incomodando. Às quatro e meia, no entanto, sua preocupação aumentara. Às cinco horas, ela mandou os filhos, Eric, de 8 anos, e Mary, de 14, percorrerem de bicicleta a trilha que Will seguira na corrida.

Não demorou muito para que Eric e Mary encontrassem a trilha obstruída pelas fitas de plástico amarelo da polícia, com vários guardas-florestais no local. Um deles disse:

— Sinto muito, crianças, mas não podem continuar. Alguém foi ferido e uma ambulância está a caminho.

Charlotte chegou ao local minutos depois e disse ao guarda:

— Talvez seja meu marido. Pode me deixar passar?

Ele autorizou. Charlotte adiantou-se e avistou um corpo estendido no chão, coberto por uma manta. Teve certeza no mesmo instante de que era Will pelos sapatos de corrida que se projetavam debaixo da manta. Torceu para que ele estivesse apenas ferido, mas compreendeu pela expressão do guarda que seu marido morrera. Forçou-se a fazer a pergunta:

— Ele está morto?

— Infelizmente, madame — murmurou o guarda, compadecido.

Charlotte sentiu o choque e a dor mais profunda que já experimentara. Seu coração parecia ter sido cortado. Ela se pôs a gritar e chorar, de maneira incontrolável. Não a deixariam ver o rosto de Will até o médico legista chegar para examinar o corpo.

Em determinado momento, ela se lembrou que os filhos esperavam na barreira policial. Sabia que precisava recuperar o controle para lhes contar, mas não podia imaginar de onde viria a força para isso.

De alguma forma, Charlotte conseguiu informar aos filhos que o pai morrera. O guarda levou-os para uma cabana, onde poderiam ter alguma privacidade. Charlotte sabia que tinha de permanecer calma por Eric e Mary, sem retornar ao sentimento de dor desesperada. Precisava voltar ao acampamento, arrumar tudo e iniciar a viagem de duas horas de volta para casa. Enquanto fazia isso, Charlotte recordou um pensamento, *que imensa transição para todos nós!* Ela e os filhos estavam dominados pela tristeza ao iniciarem a viagem de volta. Só queriam chegar em casa. Sentiam a boca ressequida, o estômago embrulhado. À beira de um colapso, Charlotte começou a falar em voz alta para Will, enquanto guiava:

— Will, vamos precisar de todas as nossas forças para chegar lá. Por favor, ajude-nos a passar por isso.

Um sentimento de gratidão dominou Charlotte quando notou o sol. Sempre estivera ali, mas foi o sentimento de gratidão que lhe permitiu vê-lo. "Fico grata porque o sol saiu", pensou ela, recordando o tempo ruim durante a maior parte do fim de semana. "Ainda bem que não temos de fazer esta viagem debaixo de chuva". Charlotte tinha a sensação, que nunca sentira antes, de que se agarrava em alguma coisa lá no fundo de si mesma. Era uma força que jamais imaginara que possuía.

Charlotte chegou em casa por volta das nove horas da noite. Começou a ligar para a família, mas a única pessoa que encontrou foi sua irmã, que vivia em Montana, a dois mil quilômetros de distância. Depois, ela ligou para mim e minha mulher, Michael. Como nossa secretária eletrônica atendesse, Charlotte ficou com medo de ter de passar a noite sozinha.

Voltamos para casa 15 minutos depois, ouvimos a mensagem e ligamos para Charlotte no mesmo instante. Mais tarde, ela nos disse:

— Compreendi que era ótimo que minha família tivesse deixado a cidade e que vocês dois pudessem passar a noite comigo.

Eles ficariam emocionados e transtornados. Mas eu precisava de pessoas como vocês, que pudessem oferecer amor e compaixão, mas sem o peso sufocante do desespero. Vocês reconheceram nosso estado emocional sem sentir piedade.

A encruzilhada na estrada

Antes de nossa chegada em sua casa, Charlotte recebeu um telefonema da Cruz Vermelha, perguntando se não queria doar os olhos e tecidos de Will para transplantes. Foi nesse instante que ela proclamou para si mesma que Will não se encontrava mais em seu corpo; seu espírito ou consciência fora para outro lugar. Surpreendentemente, pareceu certo dizer sim ao agente da Cruz Vermelha, embora ela soubesse que Will, durante a vida, teria se arrepiado à perspectiva.

— De alguma forma — disse-me Charlotte —, senti no fundo do coração que ele não se importava. Senti que Will se comunicava comigo através do meu coração, dos meus sentimentos mais profundos. Na manhã seguinte, fui sentar no quintal dos fundos. A tranqüilidade ali era total. Senti a presença de Will com a maior força enquanto refletia se devia ou não cremar o corpo. E, mais uma vez, senti com absoluta nitidez que ele me concedia permissão para fazer o que fosse melhor para mim e as crianças. Era como se meu relacionamento com Will tivesse se transferido para um nível totalmente novo depois de sua morte. Muitos de nossos pequenos hábitos, que incomodavam um ao outro, pareciam ter desaparecido. Restava apenas aquele amor profundamente espiritual um pelo outro. Meu amor por Will, na verdade, cresceu com sua morte. Senti-me grata pela transformação que ocorria em nosso relacionamento.

— Para ser franca, sinto-me agora mais ligada a Will do que em qualquer outra ocasião, embora fôssemos muito unidos quando ele era vivo. Sua morte não foi realmente uma perda para mim. Tem sido um ganho. É o ponto fundamental, minha compreensão de que não há perda. Partilhar isso tem sido muito útil para os outros.

É com certeza o que aconteceu com Eric e Mary. Will ainda é uma presença forte na vida de ambos. Falam dele com freqüência, escrevem-lhe cartas para relatar seus sentimentos. No funeral de Will, Mary leu uma carta que escrevera para o pai. Foi a carta mais linda e sábia que já ouvi. Ajudou todos no funeral a se recuperarem de sua dor. As crianças continuaram em sua vida e são alegres, embora às vezes sintam a tristeza e a perda.

Charlotte ressaltou para seus filhos que Will ainda era parte da família, desde o início, enquanto voltavam do parque em que ele morrera. Comunicar-se ativamente com ele e manter o amor por Will curaram Charlotte e seus filhos. São francos consigo mesmos e uns com os outros, falam direto do coração. Para todos nós que os conhecemos, a família tem sido um modelo para o que é possível conseguir, mesmo com uma perda tão súbita e grande. Experimentei pessoalmente um enorme alívio e conforto ao constatar que é possível sobreviver a uma grande perda e até crescer no processo. Através da morte de Will, Charlotte e seus filhos deram um tremendo salto em seu crescimento espiritual e psicológico.

O princípio na prática

Como uma família tão unida pôde lidar de uma maneira tão positiva com uma morte tão repentina? A resposta é que Charlotte e sua família tinham uma sólida compreensão dos princípios do bem-estar mental. Através dessa compreensão, já eram um exemplo de uma família saudável. Levavam uma boa vida juntos e partilhavam muitos sentimentos de amor e alegria. Sua história revela um aprofundamento da compreensão dos princípios do Pensamento, Consciência e Mente.

A compreensão dos princípios por Charlotte se aprofundou com a morte de Will. Ela experimentara os dois lados, vivendo no momento e deixando a mente ser povoada por pensamentos de medo e perda. Sua reação não foi de negação, mas de percepção. Ela optou por viver no momento.

A profunda percepção de Charlotte permitiu-lhe reconhecer a diferença entre estar ligada à experiência mais profunda da Mente e se deixar dominar pelo processo de pensamento circular, baseado no medo. A diferença tornou-se bastante óbvia para Charlotte. Viver no momento era a cura; sentia-se calma, segura, firme, capaz de reagir de maneira apropriada às suas necessidades e às necessidades dos filhos, durante aquele período emocional. Quando estamos no momento, experimentamos nossa ligação com a Mente. A Mente é a fonte de toda a vida. É a energia a que estamos ligados, da qual somos todos uma parte. Quando Charlotte viveu no momento, pôde experimentar Will, porque ele também é parte da Mente.

Naquele momento crítico, quando o outro lado da moeda era a dor intensa, o pesar e a perda, Charlotte soube que não podia se permitir os hábitos de pensamento negativo que tinha antes. As conseqüências seriam dolorosas demais. Ela não queria experimentar pensamentos negativos nem levar seus filhos por esse caminho.

Muitas vezes sabemos que certos hábitos de pensamento negativo não nos são benéficos, mas nos entregamos assim mesmo, convidando esses pensamentos a fixarem residência em nossa mente. Charlotte dera um salto na compreensão; permanecera firme em seus esforços para viver no momento.

Nem todas as pessoas serão capazes de lidar com uma experiência tão intensa e que tanto muda a vida com a mesma firmeza de Charlotte e sua família; mas, através de sua história, temos uma visão do que é possível. Através dessa esperança e visão, podemos confiar no poder de viver no momento; podemos compreender que soltar nossos pensamentos, em vez de fixá-los na cabeça, é o agente purificador que vai transformar nosso pesar e nos levar de volta ao momento. Assim e só assim sentiremos nossa ligação com a Mente, a fonte de toda a vida, e passaremos a experimentar uma profunda ligação com as pessoas que amamos, mesmo na morte.

A Mente, a força vital, é eterna; não pode ser criada nem destruída. O que fazemos com essa força vital é nossa criação pessoal. Num nível muito profundo, Charlotte e os filhos constataram que, na verdade, Will não morrera. Só a sua forma física desaparecera. Seu espírito e consciência continuam a viver e são parte de nossas vidas. É por isso que eles podem experimentar a morte de Will sem perda.

Não há razão para temer a morte. É uma transformação poderosa, mas não é o fim.

---

25. "Papai, não se preocupe, estamos bem"

MARY TINHA 14 ANOS QUANDO O PAI MORREU de um infarto fulminante. A princípio, Mary caiu em estado de choque e incredulidade; sentia-se atordoada e exausta. Depois, sua mente começou a funcionar a mil, com lembranças e as implicações da morte do pai. Tinha medo da angústia que poderia se suceder ao choque. *E agora?*, pensou ela. *O que farei sem papai? Éramos muito ligados. Não conseguirei continuar a viver direito sem ele. Não poderei mais pedir sua ajuda nos deveres de casa. E todos aqueles momentos especiais em que fazíamos um lanche juntos...* À medida que Mary absorvia a realidade da morte do pai, seus pensamentos escaparam ao controle.

Nos dois dias seguintes ela permaneceu nesse estado de torpor, choque e pensamentos descontrolados, enquanto tentava encontrar sentido naquela imensa mudança em sua vida. Mais tarde, ela me contou:

— Comecei a pensar no que papai poderia estar passando. Era um choque para nós, é claro, mas o que acontecia com ele? Morrer tem de ser *realmente* um choque. Rezei por ele e pedi a Deus que o ajudasse a passar por aquele momento difícil.

A encruzilhada na estrada

Cerca de três dias depois da morte do pai, Mary sentiu uma mudança dentro dela.

— Pude sentir de repente a sua presença ao meu redor. Era como se papai estivesse em meu coração. Sei que isso pode parecer esquisito para muitas pessoas, mas é o que experimentei. Senti naquele dia a mesma coisa que sentia quando papai era vivo. Foi como se recebesse uma informação, adquirisse a certeza de que tudo acabaria bem. E comecei a me sentir feliz.

Acompanhei Mary durante esse período e testemunhei sua transformação. Ela era alegre, embora tivesse seus momentos de tristeza e lágrimas.

— Eu queria apenas celebrar a morte de papai. Podia entender que a morte ocorre para que possamos perceber como estamos ligados a Deus. Através da morte de papai, passei a compreender isso e desenvolvi um relacionamento íntimo com Deus. Isso tem sido bom para todos nós... mamãe, meu irmão Eric e o resto da família. Demonstrou para mim e para os outros como a vida é preciosa, como é importante o amor que temos uns pelos outros. Acredito nisso, confio em meus instintos. Tudo o que aconteceu tem sido uma incrível dádiva para nós.

Há pouco tempo, Mary me disse:

— Eu gostaria que ele continuasse a ser meu pai como antes, mas isso acontece agora de uma maneira diferente. Sinto a sua presença com freqüência. Se estou triste ou passando por alguma dificuldade, ele surge de repente e recupero a calma. Sua presença me conforta mesmo na morte. Não sinto que ele tenha desaparecido. Apenas partiu fisicamente, mas seu espírito permanece. Se eu pudesse ter mais dez minutos com ele, seria ótimo, mas não preciso realmente, porque sinto que o relacionamento que tivemos foi completo. Dissemos tudo o que queríamos, amamos um ao outro profundamente.

Perguntei a Mary que conselhos ela daria para alguém que tenha experimentado a morte de uma pessoa amada. Ela partilhou as seguintes idéias comigo:

1. Reze pelas pessoas que morreram. Elas também passam por um grande choque. Precisam de seus pensamentos e orações para superar a transição.
2. Mantenha-as em sua vida. Pense nelas com freqüência, reze por elas, converse com elas, peça seus conselhos. Mantenha-as vivas em sua mente. Deixe suas fotos à mostra, escreva para elas, não as esqueça.
3. Não fique tão triste. A tristeza vem de não compreender a morte. É apenas a mudança da existência física para a espiritual. É um retorno à união com Deus.
4. Não lamente coisa alguma. Não vai adiantar, e eles também não gostariam que você lamentasse.

Mary celebrou mesmo a morte do pai. No funeral, foi para a frente da igreja e falou. Nunca fizera um discurso antes, mas comoveu os presentes até as lágrimas, conseguiu elevar os espíritos. Aqui está uma parte da carta para o pai que ela leu no funeral.

Papai querido:
Não se preocupe, estamos bem. E nunca, mas nunca mesmo, por um único segundo de minha vida, esquecerei como você é especial para mim. Eu amo você, papai. Espero que possa acompanhar meu crescimento e o de Eric do lugar em que se encontra no céu. Não lamente por coisa nenhuma. Sei que tudo isso é uma grande surpresa para você, e talvez devesse ser diferente. Mas assim é que é. (...) Não tenho idéia de como é aí em cima, mas posso sentir que você está feliz e tranqüilo. O que é ótimo para mim. (...) Quer saber de uma coisa? Estou feliz porque os 14 anos que passei com você foram maravilhosos. Certo? Quero que você saiba disso. E, por favor, papai, não fique triste. Sei que continua vivo... não o seu corpo, mas você. Seu espírito. Não é sensacional que morrer não seja o fim? Fico muito contente. Papai... sei que está em choque. Foi muito súbito e chocante. Mas vai ficar bem. Confie em mim. Será absorvido e acabará se acostumando. Nós também. (...)

Envio todo o meu amor. Quero que saiba que ainda é e sempre será meu pai. Nunca ficarei sem você. Sei que é bastante inteligente para saber disso. Portanto, não se preocupe. Cuidarei de mim mesma, e mamãe e Eric farão a mesma coisa. Neste ponto, quero fazer uma citação...

Na hora mais sinistra, a alma é reabastecida e recebe a força para continuar e suportar.

E acredito muito nisso. Acredito que alguma coisa me envolveu e me deu a força que possuo. Nunca pensei que enfrentaria tão bem o que aconteceu. Sempre imaginei que passaria dias e dias chorando. E talvez neste momento, lá no fundo, eu esteja mesmo chorando... mas estou aprendendo muito com tudo isso, da melhor forma que posso. E estou me saindo bem.

Com todo amor,
Mary

O princípio na prática

Enquanto Will ainda era vivo, Mary e sua família viviam com um profundo sentimento de amor. Esse amor continua. Quando compreendemos que a morte é apenas a morte do físico, podemos continuar o relacionamento com a pessoa em nossa vida. Consciência, espírito, alma, energia — qualquer que seja o nome que você queira dar — é uma coisa eterna. É apenas o nosso pensamento que podemos imobilizar momentaneamente na ilusão de uma perda.

Isso não significa dizer que a tristeza está errada em qualquer circunstância. Tristeza, confusão, raiva e pesar são pensamentos e sentimentos que passarão por nossas mentes num tempo de perda. Mas, se não olharmos além desses pensamentos para uma verdade maior, vamos ficar retidos num doloroso processo de lamentação. Quando experimentamos esses pensamentos e sentimentos com compreensão, eles vão se atenuar pouco a pouco, como lavar uma camisa suja em água limpa. Mary e sua família foram capazes de diminuir sua dor por viverem no momento e terem fé no poder desse processo. Se nós, como Mary, alcançamos a compreensão mais profunda da vida, também vamos celebrar nossas perdas.

O amor é eterno e não acaba com a morte.

26. Ensinando a pescar

HELEN VEM AJUDANDO PESSOAS desde que era adolescente. Quando tinha 17 anos, ingressou na Vista, uma organização de voluntários para ajudar nos bairros mais pobres, porque queria fazer diferença no mundo. Nesse programa, ela ajudava os pobres a alcançarem as necessidades básicas de alimentação e abrigo. Também os ajudava a obter apoio jurídico. Mais tarde, ela trabalhou com mulheres criminosas que saíam da prisão. Por causa de sua energia, dedicação e entusiasmo, ela subiu no sistema. Acabou tirando seu diploma de assistente social e mudou-se para a Califórnia, onde começou a trabalhar na divisão de serviços humanos de um condado.

Depois de alguns anos, no entanto, Helen começou a se cansar das limitações inerentes a seu trabalho; sabia que a ajuda que dispensava aos clientes era apenas temporária. Compreendeu que os clientes não possuíam a capacidade de ajudar a si mesmos e eram dependentes de um sistema que era mais adversário do que aliado. Mas ela continuou determinada e achou que se encontrava na ajuda às mulheres, as quais considerava como vítimas desamparadas do sistema e da sociedade.

Não demorou muito para que Helen começasse a apresentar sinais de esgotamento, de todo o estresse que sofria. O que nada tinha de surpreendente. Sua saúde começou a se deteriorar. O marido a deixou. Ela passou a fantasiar em deixar o trabalho de assistente social e se tornar terapeuta. Se ajudasse as pessoas a mudarem por dentro, talvez elas fossem capazes de mudar no mundo exterior. Assim, deixariam de ser dependentes de um sistema inadequado.

Em busca dessa nova maneira de ajudar os outros, Helen foi fazer o curso de psicologia. Mas desiludiu-se antes mesmo de tirar o diploma. Constatou que tudo o que ensinavam ali também não oferecia muita esperança. Versava sobre classificar as pessoas, indicar uma prescrição ou técnica, na tentativa de mudá-las de fora para dentro. O processo era muito parecido com o que ocorria no trabalho de assistência social, só que desta vez sob o ponto de vista psicológico. Ela aprendeu a considerar as pessoas como coisas avariadas, muitas das quais com doenças mentais irreversíveis, dependentes de terapeutas pelo resto de suas vidas. *Há alguma esperança de que as pessoas possam se tornar realmente saudáveis?*, especulou Helen. *Ou elas terão de conviver para sempre com sua doença ou vício?*

A encruzilhada na estrada

Quase ao final do curso, Helen compareceu a uma oficina, por insistência de uma amiga e colega. No primeiro dia, o líder da oficina disse:

— Hoje vocês devem apenas ouvir. Não tentem analisar as novas informações nem enquadrá-las no que aprenderam antes. Limitem-se a ouvir.

Essas palavras soaram no momento certo. Depois do curso extenuante, era um alívio apenas sentar e ouvir, sem qualquer obrigação de analisar. Helen me contou o que aconteceu em seguida:

— Naquela tarde eles falaram sobre os três princípios da Mente, Pensamento e Consciência. Foi como se uma luz acendesse de repente dentro de minha cabeça. Pude compreender por que os modelos de oferecer às pessoas, de fora para dentro, comida, abrigo, medicamentos e assistência jurídica serviam na verdade para despojá-las de sua força. Compreendi que o elo que faltava na psicologia e na assistência social era a capacidade de ajudar as pessoas a aprenderem a fazer as coisas por si mesmas... aprenderem como pescar, em vez de apenas receberem o peixe. As pessoas precisavam saber como sua mente funcionava para criar a vida que levavam. Era muito simples, mas fazia o maior sentido. Eu antes estivera vendo tudo de trás para a frente. Aquela era a maior revelação que eu já tivera.

— No dia seguinte aprendi que cada pessoa nasce com flexibilidade. Seria verdade para mim também? Talvez fosse por isso que eu sempre acabava de pé, apesar de tudo por que já passara. Senti esperança ao compreender esse conceito e saber que poderia ajudar as pessoas, levando-as de volta à sua própria sabedoria.

No outro dia, no grupo de terapia do curso, Helen começou a procurar a saúde dos clientes, em vez de se concentrar em seus sintomas e classificações. Era como se os estivesse contemplando com novos olhos. Se lhes mostrasse o que começara a aprender sobre saúde mental inata e como o pensamento funciona, eles também se sentiriam tão bem quanto ela?

Na ocasião, Helen trabalhava com algumas das pessoas mais difíceis no sistema, os que tinham doenças mentais crônicas, prostitutas, viciados em substâncias químicas, presos na cadeia do condado. Ao lhes ensinar os princípios da saúde mental, Helen começou a perceber que ocorriam transformações fáceis e rápidas em seus clientes, num nível que ela e seus superiores jamais haviam sequer sonhado que fosse possível.

Por exemplo, ela trabalhava com um preso chamado Juan, um viciado crônico em anfetaminas, que roubava para sustentar o vício. Ele já fora submetido a tratamento oito vezes, sem qualquer sucesso. Agora ele descobriu uma calma interior que extinguiu seu desejo por drogas. Juan comentou:

— Meu pensamento me levou à prisão, e é meu pensamento que vai me manter fora da prisão.

Não demorou muito para que os colegas observassem mudanças drásticas na própria Helen. Eles diziam:

— O que aconteceu com você, Helen? Parece muito mais jovem e mais feliz. E antes vivia sempre esgotada. O que houve?

Ela quase relutou em partilhar o que aprendera, porque parecia simples demais. Mas desde então centenas de profissionais do sistema de serviços sociais do condado de Santa Clara têm sido treinados nessa compreensão. Helen passa agora a maior parte do seu tempo realizando treinamentos. Tem ensinado os princípios em cadeias, escolas, estabelecimentos de saúde mental e centros de tratamento de viciados. Finalmente, ela aprendeu a ensinar aos clientes como pescar e se alimentar no processo. Ela me disse há pouco tempo:

— Sei agora como ajudar as pessoas de fato. É o que eu sempre quis, desde que tinha 13 anos e sonhava em fazer diferença no mundo. Não me sinto mais pressionada em meu trabalho, não tenho mais estresse. E trabalho sem esforço, pois tudo o que tenho de fazer agora é apontar para as pessoas o caminho de sua própria saúde. A mensagem é simples, clara e positiva. O que mais eu podia pedir como uma profissional de ajuda? E minha própria vida também é maravilhosa... meus relacionamentos, minha saúde, minhas diversões e meu senso de propósito na vida.

O princípio na prática

Quando os profissionais de ajuda percebem o potencial humano nas pessoas, seu trabalho torna-se fácil. Isso é um fato com qualquer um que trabalha com pessoas, de pais, professores e policiais a gerentes numa empresa. Os assistentes sociais, terapeutas e prestadores de cuidados de saúde sentem o fardo da responsabilidade de ajudar os outros em seus ombros. Compreender que as pessoas têm o poder de mudar por si mesmas não significa que abdicamos de nosso papel como ajudantes, mas nos alivia de um tremendo fardo. Como Helen, tudo o que precisamos fazer é encaminhar os outros para sua essência de saúde, mostrar *como* mudar, partilhando os princípios da Mente, Pensamento e Consciência. O resto depende da pessoa que quer mudar.

A razão para que tantas pessoas nas áreas da saúde mental e de viciados se sintam tão esgotadas não é a natureza do trabalho em si; é porque só vêem resultados temporários, na melhor das hipóteses. Qualquer emprego seria frustrante se nunca tivéssemos resultados. Não resta a menor dúvida de que ser compadecido, compreensivo e paciente, além de saber como ajudar, são elementos essenciais para qualquer um que trabalha com pessoas; mas o que realmente cria resultados permanentes e eficazes é partilhar com os clientes a compreensão de como ser saudável por dentro, em vez de se manter dependente do sistema.

Não há privilégio maior do que trabalhar na profissão de ajudar pessoas. Assim que compreendemos como ajudar, somos abençoados por ver as pessoas se tornarem felizes, produtivas e contentes por estarem vivas. É sem dúvida uma dádiva!

Dar o peixe às pessoas permite que comam naquele dia. Ensinar as pessoas a pescar permite que comam pelo resto da vida.

27. Estar presente: O segredo da intimidade

A LETRA DE UMA CANÇÃO popular dos anos 70, *Slow Hand*, das Pointer Sisters, dá com certeza a impressão de ser sobre sexo, mas eu acho que fala pelas mulheres que querem que seus homens diminuam o ritmo e estejam presentes em todas as áreas do relacionamento. Muitas vezes, em nossos relacionamentos, os homens — e as mulheres também — ficam preocupados em vez de presentes. Somos tão distraídos pelas coisas que temos de fazer ou com o que aconteceu durante o dia que não tiramos um tempo para nos ligar... para ter intimidade.

O que significa ser íntimo? O sentimento de intimidade vem de estar presente, a mente clara, com alguém que você ama. Só quando nossa mente está quieta e calma é que os sentimentos mais profundos de amor, devoção, compaixão, apreciação e gratidão afloram à superfície. Quando duas pessoas experimentam isso juntas, seus corações parecem se fundir nos sentimentos. Essa é a essência da verdadeira intimidade.

No início do meu casamento, minha mulher se queixava de que eu não estava *realmente* presente durante boa parte do tempo. Podíamos nos abraçar, mas eu parecia ter um despertador dentro de minha cabeça que avisava: "Tempo esgotado." Quando esse despertador tocava, eu me afastava. Ela se sentia pressionada. A mensagem que recebia de mim era a seguinte: *Tenho coisas mais importantes para fazer do que abraçá-la.* Eu não tinha consciência de que fazia isso; afinal, da minha perspectiva, pelo menos eu a estava abraçando.

Em retrospectiva, compreendo agora que meu problema era o de não saber como estar no momento, independente do que estivesse fazendo na ocasião. A falta de foco com minha esposa ou qualquer outra pessoa era apenas outro exemplo de minha incapacidade de estar presente. Na ocasião, eu não tinha idéia do que estava perdendo. Minha noção de viver era manter uma "lista mental de tarefas": levar o lixo para fora ✔; lavar a louça ✔; encher o tanque do carro ✔; abraçar minha mulher ✔. Depois que uma tarefa era concluída, eu passava para a seguinte, nunca estando presente, jamais aproveitando o momento.

Era um hábito de pensamento que me parecia totalmente normal. Na família rural do Meio-Oeste em que cresci, "fazer as coisas" era a maior prioridade da vida. Era mais importante do que arrumar o tempo que fosse para fazer algo certo, mais importante do que relaxar, mais importante do que visitar ou passar algum tempo com alguém. Depois que o trabalho estivesse concluído, podíamos relaxar e apreciar a companhia um do outro, mas parecia-me que a lista de tarefas nunca acabava.

Lembro do tempo em que fui à Guatemala como estudante de intercâmbio, quando tinha 17 anos. Não pude acreditar que as pessoas dedicassem tempo para ouvir umas às outras, para perambular, para se divertir. A princípio, isso me deixou contrafeito. *Será que essas pessoas não têm nada para fazer? Onde encontram todo esse tempo?*

À medida que o tempo foi passando, no entanto, passei a gostar do ritmo relaxado. Os guatemaltecos são muito ligados à família, aos amigos e até aos colegas de trabalho. Era um tremendo contraste com as interações ativas, distantes e apressadas que eu conhecia em minha cultura. Quando voltei a Minnesota, até acalentei a possibilidade de me tornar um missionário, a fim de poder retornar à cultura de ritmo lento e íntima da Guatemala. O que eu mais amara ali fora o sentimento de intimidade, que faltava em meu mundo de coisas a fazer e de pressa, muita pressa.

Enquanto minha vida seguia em frente, aqueles tempos na Guatemala começaram a se desvanecer para uma lembrança distante. Voltei a me integrar no ritmo vertiginoso. Terminar a faculdade, iniciar a carreira, tornar-me um sucesso... a esteira rolante se tornava mais rápida a cada ano. Foi então que meu casamento entrou em crise. Eu pensava que tinha um casamento maravilhoso. Fiquei confuso, mas intuitivamente sabia que minha mulher tinha razão: alguma coisa precisava mudar. Logo descobrimos que o hábito de "não ouvir", que parecia tão inócuo, estava destruindo nosso casamento. Afetava a comunicação, intimidade e evolução como um casal.

A encruzilhada na estrada

Eu sabia que amava Michael mais do que qualquer outra pessoa que já amara. Quando ela anunciou que se sentia desligada de mim, isso atraiu minha atenção. Decidi que aprenderia como estar presente e ouvir.

A fim de estar presente e íntimo, eu precisava primeiro saber como isso se relacionava com meu pensamento. Comecei a perceber como minha mente vagueava, como me tornava facilmente impaciente enquanto ouvia, como não era capaz de ficar quieto. Ao notar meu pensamento no momento, minha mente começou a se acalmar. Passei então a apreciar os momentos de intimidade com minha mulher. E não me refiro apenas ao sexo. Muitos homens aguardam ansiosos pelo sexo, porque é a única ocasião em sua vida em que sua mente se mantém no momento presente. Mas comecei a desfrutar os momentos em que apenas ficávamos sentados juntos no sofá ou deitados nos braços um do outro. Como era agradável! Estar no momento tornou-se a dádiva mais preciosa da minha vida.

O princípio na prática

Compreender como estar no momento e ouvir foi o ponto crucial na minha vida. Quando comecei a estar presente, meu prazer por tudo aumentou, meu respeito pelos outros e vice-versa cresceu, meu nível de produtividade se tornou melhor; em suma, minha vida mudou sob todos os aspectos.

Estar no momento vem de estar num fluxo de pensamento que possui a capacidade de reconhecer a si mesmo. Quando estou consciente de que meu pensamento está criando minha experiência da realidade, sou capaz de voltar a esse momento. Assim como os sonorizadores no acostamento de uma estrada nos avisam que estamos nos desviando do caminho, a qualidade frenética, preocupada ou desagradável de nosso pensamento vai avisar que estamos nos desviando do momento. Quando estamos no momento, reconhecemos nosso pensamento e voltamos à faixa da sanidade; nossa vida será uma viagem muito mais suave, repleta de momentos de intimidade.

Valorize o momento... e escute, escute e escute mais um pouco!

28. Seja fiel a você mesmo: Sabendo quando dizer não

UMA DAS CAUSAS PRINCIPAIS DE SER APANHADO na armadilha da pressa é se sentir sufocado e sobrecarregado de obrigações: tradições da família (aniversários, datas festivas, funções sociais), deveres cívicos, promessas para amigos e vizinhos. Quando uma coisa que *queremos* fazer se transforma numa coisa que *temos* de fazer, é em geral um sinal de que estamos sobrecarregados, ignorando o bom senso e o sentimento interior sobre nossas necessidades pessoais. Somos apanhados pela armadilha de decidir o que é "a coisa certa a fazer", contra *o que sentimos que é certo*. Ficamos divididos entre sentimentos de culpa e exaustão.

Minha mãe é uma das pessoas mais dedicadas, afetuosas e ponderadas que já conheci. Sempre fez com que cada um dos filhos, afilhados, netos e bisnetos se sentisse profundamente amado e apreciado. E em quase todas as ocasiões nos envia um cartão ou um presente. Embora suas ações sejam sinceras, ao mesmo tempo ela sempre toma cuidado para não magoar os sentimentos de ninguém.

No Natal passado, mamãe teve de tomar uma decisão muito difícil. Está com 88 anos. Como papai morreu na época do Natal, há dois anos, o período festivo tornou-se muito difícil para ela. Queria continuar a comprar presentes para todos nós, mas não tinha mais a energia necessária. Seu "sentimento" interior lhe dizia para não fazer isso, mas a "cabeça" insistia que deveria comprar os presentes.

— O que as pessoas pensariam? — disse ela para minha irmã um dia. — Não ficariam magoadas? Deixariam de pensar que as amo?

— Não diga bobagem, mamãe — protestou minha irmã. — Todos nós compreendemos e sabemos que você nos ama. Ninguém poderia ter uma mãe mais generosa e dedicada.

Para crédito de minha mãe, ela ouviu a si mesma, em vez de dar atenção aos sentimentos culpados de obrigação. Ninguém achou que ela era egoísta. Ficamos todos felizes por ela estar cuidando de si mesma naquele momento difícil. Mamãe era a única que se sentia mal, mesmo por tão pouco. Fazendo um retrospecto, ela ficou muito contente por ter escutado seu coração, em vez da cabeça. Teve um Natal muito melhor, o que era o maior presente que todos nós poderíamos receber.

Muitas pessoas esforçam-se ao máximo para ser um bom pai ou mãe, avô, empregado ou amigo, a tal ponto que acabam esquecendo de ser boas para si mesmas. Tratamos a nós mesmos como cidadãos de segunda classe. Costumamos nos pôr em último lugar, porque pensamos que é mais nobre ou mais afetuoso. O problema é que "pensamos" que é melhor pôr os outros em primeiro lugar, em vez de ouvir nossa sabedoria.

A sabedoria ou o bom senso falam conosco através de um sentimento. O sentimento nos avisa quando temos demais em nossos pratos, coisas demais acontecendo em nossa vida. Esse sentimento é como o apito da chaleira que nos avisa que a água está fervendo e é tempo de diminuir o fogo.

Quando ouvimos esse sinal interior, ao longo da vida, mantemos um estado de equilíbrio. O equilíbrio nos tira da armadilha da pressa e nos leva para um estado de bem-estar. E quando ouvimos nossa sabedoria, também dá resultados para as outras pessoas.

Sara, uma grande amiga minha, relatou-me a seguinte história sobre ouvir nossa sabedoria:

— Minha nora veio de sua casa em outro estado para uma visita de dez dias, junto com meu neto. Todas as noites, meus outros filhos apareciam com suas crianças. Acabavam ficando para o jantar. Até que foi divertido durante as primeiras noites, mas depois comecei a temer as visitas. Queria apenas ter uma noite normal e sossegada, sem precisar preparar mais comida.

Naquele domingo, minha amiga Sara descobriu-se a pensar: *Espero que ninguém apareça hoje. Preciso de uma folga, depois de tanta atividade.*

Foi nesse momento que o telefone tocou. Era seu genro.

— Oi, mãe — disse ele. — Vamos todos nos encontrar aí hoje?

— Não sei, John. Deixe-me pensar um pouco. Ligo de volta para você.

Sara desligou, atormentada por sentimentos de culpa. *Estou sendo egoísta? Devo escutar meus próprios sentimentos a respeito? Vou desapontar meus netos? Nada mais importa. Não posso fazer isso. Nem posso acreditar que pensei há pouco que não queria ninguém aqui.* Os sentimentos de culpa afloraram ainda mais fortes.

A encruzilhada na estrada

Nesse momento, Sara teve uma compreensão. *Acho que sempre dá certo para todos quando confio em meus sentimentos. E sempre tenho a tendência de fazer as coisas por obrigação. Portanto, talvez eu deva confiar em meus sentimentos, para variar.* Embora Sara estivesse aprendendo sobre os princípios da saúde mental há alguns anos, a questão das obrigações com a família ainda continuava a atormentá-la. Ela pegou o telefone, ligou para John e disse:

— Espero que você e Kate compreendam, mas estou muito cansada e quero passar uma noite sossegada em casa.

— Não se preocupe, mãe. Posso providenciar o jantar e limpar tudo.

— O problema é que não quero ter toda a agitação, mesmo que não precise preparar o jantar.

Sara podia sentir um impulso para ceder, mas sua força interior prevaleceu. — Não é uma boa noite para isso, John. Mas agradeço pela oferta. Foi muito gentil de sua parte.

Com essas palavras, um sentimento de calma a envolveu. Sara sabia que fizera a coisa certa. Sabia também que John, Kate e as crianças ficariam muito bem.

O princípio na prática

Como seres humanos, temos um mecanismo embutido que nos guia pela vida: a *sabedoria*. Às vezes, o que nossa sabedoria nos diz parece conflitar com as obrigações sociais, normas e o que as outras pessoas pensam; contudo, sabemos *no fundo de nosso coração* que é a coisa certa. Quanto mais aprendemos a confiar nesses sentimentos interiores, mais nossas vidas retornam a um *estado de equilíbrio*.

Outro ponto interessante a destacar aqui é que, quando todos respeitamos uns aos outros, quando cada pessoa escuta atentamente sua sabedoria interior, o próprio grupo adquire um estado de equilíbrio. Quando confio em minha sabedoria e tenho a coragem de segui-la, pode significar um desapontamento temporário para alguém, mas em última análise será uma lição ou experiência importante para essa pessoa. Além do mais, eu não estaria prestando um serviço a mim mesmo ou a qualquer outra pessoa se agisse apenas por obrigação, ignorando minha sabedoria. Portanto, no geral, tudo acaba bem.

Aprender a ouvir nossos sentimentos interiores de sabedoria pode parecer egoísmo, mas é na verdade o mais autêntico ato de altruísmo. É preciso coragem para ignorar o conformismo e as normas sociais, sendo autênticos para nós mesmos.

Quando em dúvida, lembre-se da grande sabedoria na memorável citação de Hamlet: "Seja fiel a você mesmo".

29. A areia movediça de provar sua capacidade

MARY JEAN É UMA PSICOTERAPEUTA que participou de uma sessão de treinamento que realizei há dois anos. Mostrou-se um tanto cética em relação à nova psicologia, relutando em renunciar a muitas das idéias em que passara a acreditar, sobre si mesma e a ajuda aos outros. Na verdade, era ansiosa e desconfiada da vida em geral.

— Eu tinha medo das pessoas — disse ela. — É engraçado uma terapeuta ter medo das pessoas, mas eu tinha. Recebia os novos clientes com um sentimento de medo e expectativa. Seria capaz de ajudá-los? Deveria encaminhá-los a alguém que soubesse mais sobre seus problemas do que eu? O que pensariam de mim? Durante a maior parte do tempo, eu me sentia extremamente ansiosa. Tinha de me fazer uma exortação cada vez que ia entrar numa sessão.

Mary Jean cresceu se sentindo inadequada e menos inteligente do que os irmãos. Como psicoterapeuta, esses pensamentos assediavam-na no trabalho do dia-a-dia. Muitas vezes encaminhava clientes a outros terapeutas não porque eram mais apropriados para os tipos de problemas, mas sim por causa de seus próprios sentimentos de inadequação. Como ela disse:

— Eu não era muito presente com meus clientes. Passava bastante tempo numa sala com eles, mas me mantinha preocupada com meus pensamentos sobre o que fazia, como me sentia inadequada. Fazia tudo pensando em várias coisas, se não deveria encaminhá-los para outro terapeuta. Fazia comparações mentais entre o que eu dizia aos clientes e o que imaginava que outro terapeuta diria. De vez em quando esquecia de mim mesma e ajudava outras pessoas de fato, mas era raro. Mantinha a mente ocupada demais na maior parte do tempo.

A encruzilhada na estrada

— No passado, depois de trabalhar como terapeuta por alguns anos, fazia bastante progresso, melhorando minha capacidade e ajudando muitas pessoas. Mas também temia que no instante seguinte voltaria a entrar na areia movediça e afundaria de novo. Por mais que eu provasse que era uma terapeuta e pessoa adequada, tinha certeza de que a qualquer momento seria desmascarada como a pessoa incapaz que era no fundo. Durante dez anos, estive consciente de que meus sentimentos de inadequação me bloqueavam, mas não sabia como evitá-los. Aprender que a fonte da minha experiência está no pensamento momento a momento me libertou desses sentimentos de inadequação.

Perguntei a Mary Jean o que a fizera realmente mudar.

— Acho que compreendi que estou segura. Não há nada lá fora que eu deva temer. Tudo estava na minha cabeça; era apenas meu pensamento o tempo inteiro. Enquanto me lembrar disso, estou bem. Posso ainda ter os pensamentos de vez em quando, mas desaparecem assim que os reconheço. Sou capaz de me manter calma com os clientes e até me concentro neles, em vez de pensar em mim e *como estou me saindo*. Ouço meus clientes. Também ouço minha sabedoria e percepções, que é de onde vem a força real para ajudar meus clientes.

— Com o tempo, passei a acreditar que estou bem e sou competente, porque os pensamentos de inadequação desaparecem sempre que os reconheço. Meu verdadeiro potencial finalmente aflorou. E porque vejo esse potencial em mim, tenho podido partilhá-lo com os clientes de uma maneira bastante proveitosa.

— Não tenho mais medo de receber qualquer um dos meus clientes. Se sinto alguma ansiedade, sei que é apenas por causa de pensamentos momentâneos sobre meu desempenho como terapeuta.

O princípio na prática

Independente de nossa profissão ou ocupação, todos temos sentimentos de inadequação de vez em quando. Embora todos possamos nos deparar com situações em que não temos todas as respostas ou que se situam além de nossa esfera, isso não precisa levar necessariamente a sentimentos de inadequação. Quando estamos bem sem saber, podemos nos sentir confiantes, não importa o que aconteça.

Mary Jean tinha o hábito de pensar como se saía e de se julgar em comparação com os outros. Isso mantinha sua mente ocupada, indisponível para as percepções sobre a maneira de ajudar os outros. Também impedia que sua mente ocupada ouvisse os clientes. Quando ela compreendeu de onde vinham realmente seus sentimentos de inadequação — os pensamentos em sua própria cabeça, não de falta de competência ou dificuldade da situação —, estava em condições de mudar.

Como estar na areia movediça, quanto mais tentamos provar nossa capacidade, mais afundamos nos sentimentos de inadequação. O motivo para isso é que provar sua capacidade para si mesmo tem um defeito fatal inevitável: você é não apenas a pessoa que se sente compelida a provar que é competente, mas também a pessoa que julga seus esforços. Portanto, os esforços para provar sua competência estão fadados ao fracasso, a menos que você reconheça que o problema é seu pensamento, não quem você é.

Em vez de se esforçar para provar sua capacidade, considere que já é perfeito, mesmo que não tenha todas as respostas.

30. Ensinando para a saúde dos alunos

ANGELA É PROFESSORA DE ESCOLA PRIMÁRIA:

— Sinto-me grata por ser professora. Posso ver o brilho nos olhos das crianças enquanto aprendem, sabendo que têm o potencial para o sucesso. Isso é muito gratificante.

Esta é a história da maneira como Angela veio a compreender sua mente e o impacto que isso teve em seu papel como professora.

Por tanto tempo quanto podia se lembrar, Angela sempre quis ser professora. Era uma boa aluna, positiva e entusiasmada. Tinha certeza de que sua personalidade seria perfeita para se dar bem com os alunos e ser uma professora bem-sucedida. Na metade do curso, teve suas primeiras experiências práticas, trabalhando diretamente com crianças. Mas logo ficou desanimada quando os alunos não reagiram a seu entusiasmo. Agiam como se não dessem a menor importância ao que ela tentava lhes ensinar. Depois dessas experiências negativas, ela pensou em deixar a educação. Talvez não fosse talhada para a função, pensou ela.

Angela até deixou seu curso por um ano. Foi estudar na Europa, refletiu sobre o que queria fazer com a sua vida. Quando voltou, recebeu a visita de um amigo que sempre procurara a verdade. Estudara todos os tipos de filosofias esotéricas e tradicionais, mas partilhou com ela:

— Consegui descobrir o segredo da vida.

Ele falou sobre o pensamento como a resposta para tudo o que se encontrava dentro da própria pessoa. Tentou explicar o que descobrira, mas deixou Angela confusa. O sentimento que ele tinha, no entanto, era muito mais profundo do que antes.

Mais tarde, Angela foi ouvir uma palestra de um homem chamado Sydney Banks, com quem seu amigo aprendera aquela nova filosofia. Ficou comovida com o que ouviu. Depois, procurou Banks para lhe fazer uma pergunta. Enquanto esperava sua vez, paciente, Angela teve uma compreensão, que mais tarde partilhou comigo:

— Minha pergunta vinha do intelecto, e compreendi que aquilo se situava além de qualquer compreensão intelectual... era uma questão de *sentimento*.

A encruzilhada na estrada

Pouco depois desse encontro com Sydney Banks, Angela, que àquela altura já retomara os estudos, iniciou a fase prática final do curso. Entrou nesse estágio do treinamento armada apenas com o novo sentimento que experimentava, mas sem saber direito por que o experimentava. Tudo o que sabia com certeza era que, pela primeira vez na vida, sentia-se realmente feliz, calma e segura.

Parecia que desta vez estava imune ao comportamento e atitudes negativas dos alunos, ao contrário do que ocorrera em sua experiência anterior como estagiária. Sempre que os alunos eram negativos, a mente permanecia clara, em vez de se tornar confusa, tentando determinar o que fazer. A estática da dúvida em sua cabeça desapareceu. Em conseqüência, recebeu a avaliação mais alta possível para suas aulas. A única coisa que pôde presumir do fato foi que seu novo *sentimento* a protegia e atraía a atenção dos alunos.

Ela adorou os dois anos seguintes como professora, quando engravidou pela primeira vez. Tirou um período de licença nessa ocasião para criar sua família, duas crianças. Quando retornou ao ensino, estava muito mais firme em sua compreensão da mente e do bem-estar mental.

— Eu não apenas acreditava que as crianças eram saudáveis por trás de todos os seus problemas. Era inabalável em minha convicção. Nada podia me perturbar. Por mais graves que fossem os problemas das crianças, eu tinha certeza de que poderia fazer contato com elas. Foi o que aconteceu. Aprendera a ver além do comportamento e problemas, além dos rótulos de "distúrbio do déficit de atenção" e "fobia de escola". Via apenas a saúde e o potencial humano. A maioria dos meus colegas era extremamente eficiente no diagnóstico de problemas e desenvolvimento de estratégias para enfrentá-los. Eu me limitava a ver a saúde de meus alunos, a permanecer em contato com minha própria saúde, obtendo resultados extraordinários. As crianças entravam em minha turma com histórias terríveis e saíam mudadas... capazes, seguras, felizes e bem-sucedidas.

Angela notou que as crianças se tornavam mais calmas por causa de seu foco na saúde, em vez de em suas deficiências. E, ao se tornarem mais calmas, as crianças passavam a fazer várias coisas:

1. Tornaram-se capazes de acessar o aprendizado antecipado, o que antes parecia impossível.
2. Recuperaram o desejo de aprender e se viram como capazes de aprender.

3. Reescreveram suas histórias pessoais sob uma luz mais positiva, assim mudando a imagem de quem eram. Também escreveram uma imagem positiva de seu futuro, acreditando que tudo o que podiam fazer e realizar era mais do que antes imaginavam.
4. As crianças talentosas também tinham muitos problemas, como o fardo das altas expectativas para continuarem a ter êxito. Além disso, antes vinculavam sua auto-imagem à força de seu intelecto. Depois que compreenderam que seu bem-estar não dependia de sua inteligência, elas puderam arrematar o desenvolvimento intelectual com o desenvolvimento emocional e atlético, além de outros interesses.

Angela me disse que ver a saúde em seus alunos ajudou-a a se sentir bem.

— Eu me sinto privilegiada por testemunhar os talentos e habilidades das crianças aflorando, em vez de me sentir desolada por todos os seus problemas. Foi por isso que me tornei professora em primeiro lugar... para acompanhar o desenvolvimento pessoal de cada criança. É uma excepcional dádiva!

O princípio na prática

Quando começou a dar aulas, Angela estava equipada apenas com seu entusiasmo. Mas o entusiasmo, como o pensamento positivo, empalidece em comparação com uma compreensão profunda. Compreender os princípios que regem a vida tem um poder permanente. O dom de Angela como professora vem da descoberta dentro de si mesma de um *sentimento*. Ela descobriu que a mente serena permitia a prevalência da gratidão, amor e compaixão. À medida que aumentou sua capacidade para aquietar a mente, ela fincou raízes na essência de seu ser. Tudo o que via em todos os seus alunos era verdade e beleza.

Como professora, Angela encontrou sua proteção contra todas as circunstâncias ao compreender que era seu pensamento que criava sua experiência do que encontrava. Sua calma e presença interior são patrimônios maiores do que todos os currículos e técnicas do mundo. Afinal, se ela não tivesse o conhecimento e a calma interior, não teria alunos interessados. Compreender como deixar as crianças à vontade no ambiente de ensino tem sido o elo que falta na educação. E é preciso destacar que essa compreensão começa com a professora, como aconteceu com Angela.

> *Ensine com base no amor e verá*
> *o milagre da saúde em cada criança.*

---

31. O poder do perdão

HENRY FOI UMA PESSOA BELIGERANTE DURANTE a maior parte de sua vida. Como mais velho de 11 filhos, passou a infância ajudando a mãe a lidar com o pai alcoólatra e autoritário. Assim que teve idade suficiente, embora com muito sentimento de culpa, escapou do turbilhão da situação familiar e mudou-se para uma vida melhor, tão longe do pai quanto era possível. Por mais que se afastasse, no entanto, sempre foi beligerante, fazendo julgamentos, metendo-se em brigas. Não conseguia escapar da raiva de sua infância.

Henry também começou a procurar a verdade. Era a década de 1960, e por isso ele se empenhou nas buscas daquela época: religiões orientais, psicologia *pop* e até abuso de álcool. No caminho, ele conheceu uma mulher adorável, Tracy. Acabaram casando. Mas Henry ainda tinha a raiva dentro dele, descarregando na pessoa que mais amava. Ele e a mulher viviam brigando, na maioria das vezes por instigação de Henry. Separaram-se várias vezes. Sem compreender, Henry estava se tornando como seu pai.

Um dia Tracy conheceu um homem excepcional. Ele era bastante comum sob vários aspectos: fora soldador, tinha mulher e dois filhos, com os problemas normais da maioria das pessoas. Mas, um dia, na casa dos quarenta anos, ele teve inesperadamente uma profunda compreensão. Tracy conheceu Sydney Banks na casa de um dos amigos dela, quando ele conversava com um pequeno grupo. Era um homem muito suave e discorria sobre a vida e a mente de uma maneira que a afetou profundamente. A partir desse encontro, Tracy mudou por completo. Parou de discutir com Henry. Em vez disso, tornou-se extremamente tranqüila e compadecida.

A transformação de Tracy deixou Henry apavorado. Sua raiva aumentou quando tentou persuadir Tracy a voltar à situação com que estivera familiarizado durante toda a sua vida: a discussão incessante. Quanto mais furioso ele ficava, no entanto, mais determinada Tracy se tornava. Ao final, Henry concluiu que a verdade que ela compreendera, por mais simplista que pudesse lhe parecer, inegavelmente a transformara na pessoa afetuosa que ela era agora. Ele acabou cedendo aos sentimentos com que Tracy vivia agora e abriu sua mente ao que ela descobrira: que nossa vida é criada momento a momento pelo pensamento.

O poder da percepção de Henry mudou completamente sua vida também. Desapareceu a raiva que sempre acalentara, porque compreendeu de onde vinha: de seus próprios pensamentos. Em conseqüência, ele passou a considerar a vida com amor pela diversão. Tornou-se uma pessoa feliz, depois de tantos anos de busca. Com o passar do tempo, a percepção de Henry aumentou. Ele passou de um carpinteiro que lutava com dificuldades para um bem-sucedido consultor de empresas e treinador de liderança.

Eu poderia escrever várias histórias sobre as maneiras pelas quais Henry ajudou empresas a se transformarem, através da compreensão dos princípios da mente. Mas a história que me tocou mais profundamente é aquela em que uma percepção fundamental mudou seu relacionamento com o pai, e como o poder disso também mudou seu pai.

A encruzilhada na estrada

Quando começou a ter percepções sobre seu pensamento, Henry compreendeu *sua própria inocência* na maneira como maltratava Tracy e todos os outros, através de sua raiva. Compreendeu que fora envolvido pelo mundo dos seus próprios pensamentos, agindo de acordo com esses pensamentos. Mas percebeu que, na essência do seu ser, era absolutamente saudável e bonito.

Uma noite, quando estava deitado na cama, pouco antes de adormecer, lembranças do pai começaram a aflorar em sua mente. Antes daquela noite, só lembrava da infância as experiências negativas: os maus-tratos, a bebida, a raiva. Mas aquela noite foi diferente. Henry teve uma série de lembranças positivas do período em que vivera com a família. Para sua surpresa, lembrou muita coisa boa da infância. Recordou que o pai o amava de verdade, assim como a seus irmãos e irmãs. Tivera muitas experiências boas.

Nesse momento, toda a sua visão do pai mudou. Ao constatar sua própria inocência, ele pôde entender a inocência do pai. Num certo sentido, perdoou o pai; mas, em outro sentido, foi como ele me disse:

— Não havia realmente nada a perdoar. Depois que percebi sua inocência, ao agir com base no pensamento, como eu também fizera durante tantos anos, minha raiva desapareceu, substituída pelo amor por meu pai. Durante anos eu tentara em vão perdoá-lo. Mas quando compreendi como criava minha própria vida através do pensamento, percebi que todos os outros faziam a mesma coisa. Passei a ver a vida de uma nova perspectiva.

Depois daquela noite, Henry telefonou para o pai, pela primeira vez em muitos anos. Desse momento em diante, manteve-se em contato, embora o pai continuasse a beber muito e nenhum dos seus irmãos quisesse ter um relacionamento com ele, mesmo depois da morte da esposa, com câncer. Muitos anos passaram. Embora conversassem pelo telefone, Henry nunca se encontrava com o pai, que não conhecia Tracy e as crianças. O alcoolismo do pai continuou a progredir. Um dia, quando ia fazer uma palestra, Henry recebeu uma mensagem urgente. Seu pai estava morrendo e só tinha algumas horas de vida. Imediatamente, Henry deixou a conferência, pegou um avião e voou por vários milhares de quilômetros para visitar o pai, internado num hospital.

No avião, Henry só pensou que diria ao pai que o perdoava por tudo o que ele fizera. Também pediria perdão por tudo que ele próprio fizera e dissera em troca. Sua mente fervilhava com as imagens de rever o pai depois de tantos anos, na iminência de sua morte.

Henry alugou um carro assim que desembarcou do avião, guiou através de uma nevasca e chegou ao hospital para se deparar com o que parecia ser a cena de um filme. Todos os parentes se encontravam ali, cerca de trinta pessoas, dentro ou perto do quarto do pai. Com vários tubos presos no corpo e monitores controlando todas as suas reações, enfermeiras e médicos correndo de um lado para outro, o pai se encontrava deitado no meio daquela multidão. Todos sentiam as mais diversas emoções, raiva, tristeza e pesar, com gritos e choros. Eram os sentimentos não-resolvidos de uma vida inteira na família de um alcoólatra.

Henry queria conversar a sós com o pai. A família concordou em lhe conceder uns poucos minutos de privacidade. Ao entrar no quarto, ele esperava encontrar uma versão viva de sua lembrança do pai, um operário da construção civil enorme e rude. O que ele viu, em vez disso, foi um velho murcho, com pouco mais de quarenta quilos, a horas da morte. Os olhos do pai fixaram-se em Henry, vazios das drogas, dor e morte iminente. Em vez de ver seu pai, Henry contemplava outro ser humano no maior sofrimento, morrendo de câncer, pneumonia e insuficiência cardíaca. Seu coração se encheu de compaixão. O discurso que ele ensaiara por várias horas desapareceu no mesmo instante. Sem saber por que, Henry ouviu-se perguntar:

— Quer sair daqui?

O pai fitou-o e ficou alerta, mas parecia perplexo. Henry repetiu:

— Quer sair daqui?

O pai acenou com a cabeça para indicar que sim. Era a primeira vez que Henry tinha contato visual com o pai.

— Quando dormir, papai, tenha um sono tão profundo quanto puder. Ao acordar, fique desperto ao máximo que puder. E tem outra coisa. Aquele sentimento de culpa que tinha pela maneira como magoava mamãe e todos nós. Não tem a menor chance de se livrar desse sentimento de culpa se não compreender que não sabia como agir de outra maneira, que fez o melhor que podia. Não pode sobreviver se não se livrar disso.

Para surpresa de Henry, o pai fitou-o alerta e tornou a acenar com a cabeça.

— Há mais uma coisa — continuou Henry. — Lembra quando deixou o Maine aos 19 anos, cheio de confiança e esperança, querendo conquistar o mundo?

O pai tinha um brilho nos olhos e os cantos da boca se contraíram num sorriso quando Henry acrescentou:

— Você tem de reencontrar esse sentimento — ou não vai sair daqui.

Lágrimas surgiram nos cantos dos olhos do pai. Com isso, Henry soube que o pai compreendia. O pai mergulhou num sono profundo. Henry saiu do quarto, especulando por que acabara de dizer aquilo. *Como pude lhe fazer essa promessa?*

Henry telefonou para Tracy e pediu-lhe que enviasse um vídeo da família e da casa para mostrar ao pai. Ele arrumou com o hospital para que um aparelho de televisão de tela grande fosse posto no pé da cama do pai. Quando o pai acordou, no dia seguinte, Henry perguntou-lhe se queria ver um vídeo dos netos. O pai concordou e insistiu em assistir ao vídeo inteiro, apesar dos protestos dos médicos. Ele começou a se animar e gesticulou para que Henry se aproximasse, sussurrando:

— Quero ver a porcaria do jogo de hóquei.

Todos na sala desataram a rir. Depois do jogo, ele caiu num sono profundo. Foi o começo da reviravolta.

O pai de Henry viveu mais sete anos depois daquele dia. Tornou a casar, nunca mais bebeu, e se reconciliou com a família. Pela primeira vez em 63 anos, ele passou a ter uma vida feliz. No dia anterior à sua morte, ligou para Henry e agradeceu-lhe por tudo o que fizera.

O princípio na prática

Quando Henry compreendeu como criara, na maior inocência, a sua própria vida — em particular a raiva que sentia — através do pensamento —, pôde perceber que cada ser humano fazia a mesma coisa. Ao absorver esse princípio, o perdão para si mesmo e seu pai foi apenas uma decorrência da percepção.

Perdoar é esquecer nossa maneira antiga de ver o passado e passar a considerá-lo por uma nova perspectiva. O ponto de vista agora é de compreensão e compaixão. Com essa nova perspectiva, podemos, como diz o ditado, "perdoar, mas não esquecer". *O verdadeiro perdão é esquecer nossa antiga visão do passado e recordá-lo através de um nível superior de compreensão.*

O perdão é um poderoso remédio para o corpo e para a alma.

---

32. Descobrindo a alegria de perder o controle

MELANIE SEMPRE MANTIVERA O CONTROLE. Aprendera ainda cedo que estar no controle era a maneira de se sentir bem consigo. Quando criança, sempre tomava conta dos cinco irmãos menores, atendendo às suas necessidades e dominando-os com rédea curta. Quando adulta, tornou-se conhecida entre os amigos como "querida Abby", o nome de uma coluna de conselhos no jornal. Por mais instável que fosse sua própria vida, ela sempre tinha um conselho para os outros. Importava-se sinceramente com as pessoas e tentava ajudá-las, embora sempre de uma maneira controladora.

Com seus seis filhos, Melanie acreditava que "a mãe sabe o que é melhor". Em conseqüência, sempre tentava lhes dizer qual era "o caminho certo" para viver e "a maneira certa" de fazer as coisas. Passou a acreditar que sua verdade era melhor que a dos filhos; e se eles não viam as coisas à sua maneira, era porque não as entendiam direito. Para grande consternação de Melanie, no entanto, os filhos não apreciavam seus conselhos, por mais que ela achasse que era para o bem deles.

Embora Melanie parecesse estar muito no controle por fora, a situação por dentro era muito diferente. Sua mente era ocupada por pensamentos de preocupação, julgamento, medo e análise; vivia pensando no problema de alguém e numa possível solução.

Melanie tornou-se uma conselheira, o que nada tinha de surpreendente. Afinal, ela tinha uma vida inteira de treinamento em dar conselhos, ser dedicada e tentar fazer os outros mudarem; em sua mente, era a perfeita combinação de habilidades para uma conselheira! Mas, na área que ela escolheu, os dependentes de substâncias químicas e suas famílias, encontrava clientes resistentes, difíceis de trabalhar. Muitas vezes sentia-se estressada, em grande parte porque seus clientes não davam atenção a seus bons conselhos.

Melanie trabalhava nessa área há cerca de vinte anos quando assumiu um novo cargo, num programa de tratamento baseado nos princípios do bem-estar mental. Já ouvira falar dessa psicologia antes, mas não sabia realmente do que se tratava. Mas entrou com a mente aberta, leu livros a respeito e estudou o sistema.

A encruzilhada na estrada

Melanie partilhou comigo os efeitos desse treinamento em sua vida:

— Comecei a mudar pouco a pouco. Tive muitas pequenas percepções que mudaram a maneira como eu via a vida. Comecei a perceber minha inocência em todas as coisas que eu fizera no passado, as coisas que não eram tão proveitosas para os outros. Em vez de me sentir culpada a respeito, comecei a compreender que apenas agia com base nos pensamentos que havia em minha mente, como acontece com todo mundo. Pela maneira como eu considerava a vida naquela ocasião, estava fazendo o melhor que podia.

— Não tentei mudar meu hábito de controlar os outros, embora estivesse consciente de que era um hábito pernicioso. Em vez disso, notei que pouco a pouco se desvanecia, de uma forma natural, à medida que minha compreensão aumentava. Enquanto me perdoava e me aceitava, passei a aceitar e perdoar os outros. Comecei a perceber que faziam o melhor que podiam, convencidos de que tinham a resposta dentro deles, como acontecia comigo. Pela primeira vez em minha vida, *comecei a ver que as pessoas tinham suas próprias respostas.*

Uma das ocasiões em que Melanie notou essa mudança gradativa em si mesma ocorreu certa manhã em casa. Começou quando ela perguntou ao marido:

— Ouviu a previsão do tempo, querido?

— Ouvi, sim, e deve ser um lindo dia — respondeu ele, confiante. — Uma temperatura inferior a 32° C e uma boa umidade relativa.

— É mesmo? Pois eu ouvi que seria um dia horrível... quente demais, com a umidade insuportável — resmungou ela, pronta para um debate.

— Pois o rádio disse o que eu falei — insistiu o marido.

Nesse momento, Melanie se conteve.

— Ei, vamos tocar o alarme! — Ela soltou uma risada. — Acho que estamos voltando ao nosso antigo hábito.

O marido também relaxou.

— Tem razão. Nunca tivemos uma discussão por causa do tempo.

O que Melanie compreendeu foi que cada um ouvira a previsão do tempo de uma maneira diferente, através de seus pensamentos e preferências. Ela adora o tempo mais frio; o marido adora o tempo mais quente. Nenhum dos dois está mais certo do que o outro. Uma coisa de importância tão pequena costumava ser o motivo para uma discussão sobre quem estava certo e quem estava errado. Agora, ela compreende que não tem importância, pois todos nós vivemos em realidades separadas.

Melanie passou a ter um interesse sincero por seus filhos adultos e a maneira como viam as coisas, em vez de tentar lhes impor suas posições e opiniões. Também foi uma mudança gradativa para ela. Quanto mais mudava, porém, mais os filhos passavam a procurar seu apoio. Sentiam que não seriam mais julgados, criticados ou "consertados", e assim adoravam sua companhia. Melanie vê agora a sabedoria em seus filhos; no passado, achava que tinha o monopólio da sabedoria e precisava fazer com que as crianças vissem tudo à sua maneira. Recentemente, Melanie me contou o que essa compreensão significa para ela:

— Tenho a sensação de que um enorme fardo foi removido dos meus ombros. Compreendo que não é bom estar no controle.

No momento em que tudo se tornava melhor, Melanie teve de enfrentar o maior desafio de sua vida.

— Eu jantava na casa de meu filho e nora. Assim que acabei de comer a torta de limão que tanto adoro, comecei a passar mal, de repente. Soube que precisava ir imediatamente para o hospital. Quando os médicos tiraram minha pressão, era de 40/20... eu estava tendo um infarto. Fiz uma cirurgia e passei os seis dias seguintes inconsciente, no centro de tratamento intensivo. Os médicos não sabiam se eu conseguiria escapar.

— Quando finalmente acordei, experimentei um profundo sentimento de paz. Não era dos medicamentos; ainda sentia muita dor. Mas, apesar das numerosas complicações médicas, eu sentia uma paz total. Não teria importância se eu morresse, embora quisesse viver. Apenas sentia um nível de aceitação como nunca ocorrera antes. *Tudo que eu sempre acreditara que era da maior importância perdera sua urgência.* Não precisava mais analisar ou controlar qualquer coisa. Toda e qualquer necessidade que eu tinha de controlar desaparecera por completo. Em retrospectiva, creio que meu nível de compreensão sobre a Mente cresceu de maneira espetacular em decorrência da crise médica. Compreendi que havia alguma coisa maior do que eu e que meu cérebro comandava o espetáculo. Podia relaxar que não teria problema. Perder o controle foi a melhor coisa que já me aconteceu. Finalmente encontrei a verdadeira alegria e paz.

O princípio na prática

A necessidade de estar no controle deriva da emoção básica do medo. Quando ficamos apavorados, sentimos que perdemos o controle dos outros e das circunstâncias. Para algumas pessoas, isso leva a uma tentativa de analisar o que poderia ser melhor para os outros, a fim de "consertar" a situação. Esse método presume duas coisas: primeiro, que as outras pessoas carecem da capacidade de resolver seus próprios problemas; segundo, que sabemos o que é melhor para elas. O único dilema é persuadir as outras pessoas a perceberem isso e aceitarem nossas soluções controladoras. Como as pessoas em geral resistem à nossa onipotência, esse método também pode ser estressante para nós.

Quando não confiamos na sabedoria de "não saber" por nós mesmos, é certo que também não vamos ver essa sabedoria nos outros. Lisonjeamos, manipulamos, pressionamos, convencemos, argumentamos... qualquer coisa para que os outros aceitem nosso ponto de vista. Se conseguimos, é claro que nos sentimos momentaneamente superiores, calmos, no controle. Contudo, as outras pessoas se sentem dependentes de nós para apresentar a solução em seu próximo problema ou se ressentem porque tentamos controlar suas vidas.

Pessoas como Melanie, que usam o controle como um mecanismo de compensação, em geral sofrem de estresse, o que resulta de uma combinação de medo, ansiedade, preocupação e uma mente agitada. O que elas ganham por se sentirem necessárias perdem pela sensação do fardo dos problemas dos outros. Além disso, sem pensar, incapacitam as pessoas ao redor. As intenções por trás dessa necessidade de "consertar" e controlar os outros são distorcidas, mas apesar disso bastante inocentes. Parece uma boa idéia tentar ajudar os outros; e se uns poucos conselhos podem ajudar, por que não oferecer muitos?

O que Melanie não compreendeu direito antes do seu infarto é que há um poder maior que tem o controle de sua vida e das vidas de todas as outras pessoas: o poder da Mente. A Mente é a energia vital de todas as coisas, a inteligência mais profunda que *realmente* sabe o que é melhor para nós. Todos temos o poder de aproveitar essa inteligência da Mente, ouvindo o nosso bom senso. Ao compreender esse poder em si mesma, Melanie percebeu que cada um de seus filhos, clientes e seu marido também contam com a mesma ligação para esse poder. Sua única função era lhes indicar a fonte de sua própria inteligência inata. Foi assim que ela alcançou o nível de profunda paz que experimenta hoje. Ao constatar essa ligação com a Mente em si mesma e nas pessoas que ama, ela permite que todos confiem em sua própria sabedoria. É a maior dádiva que poderia oferecer aos outros e a si mesma.

Largue o controle; você nunca o teve de fato. Descubra a alegria e a paz de saber que há um poder supremo: a Mente.

---

33. Esperança é a cura

CARL PERCORREU UM CAMINHO DIFÍCIL durante os seus 32 anos. Nativo americano, nascido no Kansas, foi brutalmente espancado e torturado pelos pais biológicos até os três anos de idade, quando foi retirado de casa pelas autoridades e posto na lista de crianças que podiam ser adotadas. Nessa ocasião, Carl já tinha o corpo inteiro coberto por cicatrizes das queimaduras de cigarro, com todos os ossos fraturados pelo menos uma vez das surras violentas. Ele não se lembra desses maus-tratos; sabe apenas o que leu nos relatórios oficiais e as histórias que ouviu dos assistentes sociais que cuidaram do seu caso.

Foi a avó quem denunciou seus pais, quando eles começaram a acorrentá-lo a uma árvore, com uma coleira de cachorro, como se fosse um animal. Seu alívio, no entanto, foi de curta duração, pois ele foi adotado por um reverendo e sua esposa, quase tão abusivos quanto seus pais biológicos. Enquanto ele partilhava comigo sua história macabra, quase me senti nauseado. Carl contou que a mãe adotiva o tratava como um escravo, obrigando-o a limpar a casa com uma escova até de madrugada. Era espancado com fúria, amarrado na "grade", uma cama no porão com correias para imobilizá-lo e às outras crianças. Se sangrava das surras, apanhava ainda mais por sujar os lençóis. Muitas vezes desmaiava, sujava a calça ou tinha convulsões de tanta dor. Para melhorar sua postura, a mãe adotiva o obrigava a ficar de pé lá fora, em pleno inverno, com um copo de papel na cabeça, até a água dentro congelar.

Durante a infância, Carl suportou essas torturas mergulhando no desespero e ódio por si mesmo. Acreditava que devia ser uma pessoa muito ruim para ser tratado daquela maneira. Durante a adolescência, tornou-se alcoólatra, uma fuga da angústia que parecia funcionar, pelo menos no momento. Embora os pais procurassem terapia para a família, os terapeutas jamais acreditaram nas histórias de abusos. Afinal, seu pai era um ministro religioso muito respeitado.

O resto da vida de Carl transcorreu em instituições do Estado, na maioria das vezes por alcoolismo. Ele tentou o suicídio três vezes. Uma ocasião pulou de uma ponte com um laço no pescoço, só para ser salvo um instante antes da morte por pessoas que o viram pendurado ali. Em outra ocasião foi encontrado sob um monte de neve; fora coberto por outros desabrigados, que também eram alcoólatras. Quando o trator bateu em seu pé e jogou-o na rua, ele estava roxo, o corpo rígido, aparentemente morto. Na verdade, Carl foi declarado morto três vezes, por intoxicação alcoólica. Por um milagre, no entanto, sempre ressuscitava. *Deve haver uma razão para eu ainda estar vivo*, refletiu ele. *Já deveria ter morrido dezenas de vezes.*

Na última vez em que teve de fazer uma desintoxicação, passou três semanas internado. Decidiu que desta vez mudaria sua vida. Foi encaminhado para um centro de tratamento cujo sistema baseava-se nos três princípios. *Talvez esse novo sistema dê certo para mim,* pensou Carl.

A encruzilhada na estrada

Ele partilhou comigo sua história de transformação:

— O programa salvou minha vida. Sei agora que não tenho outro bêbado dentro de mim. A única maneira de parar de beber é compreender meus pensamentos e viver no momento. Quando estou no momento, tenho apenas meus pensamentos, e sei que posso mudá-los a qualquer instante, o que muda minha realidade. Eu vivia tão dominado pelo passado que minha mente era povoada durante todo o tempo por recordações dolorosas. Agora, percebo que o passado é apenas um pensamento levado através do tempo. Isso me libertou. Hoje, quando estou prestes a fazer alguma coisa estúpida, como agredir alguém, sei que é meu pensamento que cria isso, não a outra pessoa, nem o meu passado. E acredito com toda sinceridade que posso mudar.

— Gostaria apenas de ter aprendido isso há alguns anos. Poderia ter evitado muito sofrimento. Eu me sinto muito feliz agora e amo a mim mesmo lá do fundo. Devotarei o resto da minha vida a transmitir isso às crianças índias nas escolas, contando a minha história e o que aprendi.

— Como essa mudança ocorreu? — perguntei a Carl.

— Apresentei-me com a mente aberta. Sabia que aquele programa era diferente e que eu estava vivo por uma razão. Falaram sobre pensamento e meus ânimos, como limpar a mente. Aprendi a entrar num fluxo de pensamento saudável... a passar da sordidez para a serenidade. Compreendi que não tinha de pensar durante todo o tempo, pensar, pensar e pensar, uma mente realmente movimentada. Aprendi que podia confiar numa mente quieta... e esta cuidaria de mim. É o que acontece quando jogo hóquei. Sou goleiro. Quando estou com a mente clara, ninguém consegue fazer um gol em mim. Quando estou processando meus pensamentos, não consigo ver o disco. Ao perceber essa ligação, tive certeza de que minha vida mudaria. Minha vida é simples agora. Sei de onde vem minha vida... do meu pensamento. É parecido com tudo aquilo que os anciãos nativos ensinaram durante séculos. Sempre contaram histórias parecidas com essa filosofia.

— Minha vida é linda agora. Posso ouvir as pessoas. Posso ensinar isso aos outros, porque é muito simples. Tenho muita esperança por mim e pelos outros. Pensava que sempre seria um índio bêbado, mas agora sei que posso viver como um ser humano completo. Estou vivo para um propósito. Devo isso ao meu povo. Aprendi o programa em três dias.... Fora submetido a tratamento 15 vezes e reconstituí meu passado em inúmeras ocasiões. Sabia que não era a resposta. Ansiava por este conhecimento. Se pude aprendê-lo, qualquer um pode.

O princípio na prática

Como pode uma vida de trauma, abusos, alcoolismo, desespero e tentativas de suicídio ser transformada com essa aparente simplicidade? Nem o passado de Carl nem a gravidade de seus problemas impediram sua transformação. Pessoas que tinham dependência química, com vícios menos ou mais intensos, podem contar histórias similares sobre a recuperação de sua saúde.

Carl entrou em tratamento com a *mente aberta*. Isso lhe deu *esperança*. Ele ficou em condições de *ouvir*. Começou a compreender os princípios por trás de seu funcionamento psicológico, e teve o poder de *despertar a saúde que já havia dentro dele*. Por mais que um ser humano tenha sido maltratado, em termos físicos ou emocionais, sua saúde mental inata não pode ser avariada. Como uma semente adormecida, tudo o que precisa é de água e luz — amor e compreensão — para voltar à vida. A simplicidade dos três princípios, Mente, Pensamento e Consciência, despertou em Carl o poder de transformar sua vida.

> *Nunca perca a esperança. A esperança tem o poder de abrir sua mente, permitindo que as percepções que podem mudar sua vida aflorem.*

---

34. "Desista de seus objetivos para poder alcançar o sucesso"

LAO-TSÉ, DO *TAO TE CHING*

NÃO FAZ MUITO TEMPO, WALTER E LISA eram um jovem casal à beira do sucesso. Quando ele tirou o mestrado em psicologia e administração, seu objetivo era trabalhar em administração, ser consultor de empresas sobre relações humanas ou realizar treinamento de executivos. Como as posições desejadas não surgissem de imediato, Walter sentiu que não havia opção senão suspender seus objetivos por alguns anos. Natural da Alemanha, Walter parecia não ser capaz de fazer nada além de serviço de tradução.

Tanto ele quanto Lisa sonhavam em ir para a Alemanha. Walter poderia ficar com a família, ela aprenderia a língua e a cultura. Eram determinados no plano de irem para a Alemanha, arrumar bons empregos e viajarem bastante antes de terem filhos. Numa tentativa de converter o sonho em realidade, passaram seis semanas na Alemanha, enviando currículos, pondo anúncios no jornal, decididos a encontrar um emprego. No último dia antes de voltarem aos Estados Unidos com as mãos abanando, Walter recebeu um chamado para uma entrevista.

— Finalmente nossos sonhos vão virar realidade! — exclamou Lisa.

Mas Walter se mostrou cauteloso.

— Não fique muito excitada, Lisa. É apenas uma entrevista.

Depois da entrevista, Walter e Lisa voaram para os Estados Unidos, esperando um telefonema da companhia a qualquer dia. Lisa, impaciente, pressionava Walter para ligar, mas ele sabia que tinha de esperar. Finalmente o diretor de pessoal telefonou, pouco antes do Natal. Informou que estavam interessados nele, mas o processo de decisão era lento. Depois de mais alguns meses difíceis de negociação, o sonho virou realidade. A remuneração era ótima, o cargo tinha futuro, podia até levar a uma posição executiva. A companhia também ajudaria a saldar os empréstimos universitários de Carl e pagaria a mudança. Não podia haver um emprego melhor.

Walter e Lisa ficaram extasiados. Haviam conseguido *fazer acontecer*.

Walter seguiu na frente para a Alemanha, a fim de começar logo no novo emprego, um cargo invejável pelos padrões alemães, perfeito para ele e Lisa. Haveria um período experimental de dois meses, para determinar se ele era a pessoa certa para o cargo ou se o cargo era certo para ele. Enquanto isso, Lisa deixou seu emprego e começou a arrumar tudo para a mudança.

A encruzilhada na estrada

Desde o dia em que começou a trabalhar, Walter teve sentimentos de apreensão sobre a companhia e seu cargo. Havia alguma coisa que não era certa. Mas ele tratava de descartar esses pensamentos, atribuindo-os à sua insegurança. Tinha medo de sequer pensar em retornar aos Estados Unidos, depois que queimara suas pontes. Tinha medo de considerar a renúncia ao que parecia ser o início de uma carreira perfeita. Mas ele acabou chegando à conclusão de que não podia mais ignorar seus sentimentos. Uma noite saiu sozinho para uma longa caminhada e refletiu sobre seu dilema. Começou a chorar ao compreender que o trabalho não era certo para ele. Mas, em vez de tristeza, suas lágrimas eram de alegria e alívio pela conclusão.

Walter telefonou para Lisa com apreensão, porque sabia que ela ficaria desapontada, talvez mesmo zangada.

— Lisa, não quero continuar no emprego. Não estou gostando. Não parece certo para mim. Sei que não serei feliz aqui.

Lisa esperou durante a longa pausa no outro lado da linha. Sabia que Walter tinha certeza, pela força da convicção em sua voz. Também sabia que precisava apoiar Walter em sua busca de felicidade, por mais que se sentisse desapontada ao renunciar a seu sonho. Por causa da clareza dos sentimentos do marido, Lisa decidiu confiar no desconhecido.

No dia seguinte, Walter foi ao gabinete do diretor-presidente e entregou seu pedido de demissão. O diretor ficou chocado e desapontado, mas sabia que tinha de aceitar.

— Por que está deixando a companhia, e o que tenciona fazer agora? — perguntou ele, com uma perplexidade genuína.

Walter relatou os diversos problemas que via na companhia. Explicou que encontrara uma situação muito diferente da que fora descrita quando lhe ofereceram o emprego. Disse em seguida que pretendia abrir uma empresa de consultoria. Falou com tanta objetividade e confiança que o diretor se impressionou e perguntou:

— Que serviços vai oferecer às companhias como consultor?

Walter pensou por um momento, já que ainda não definira direito seus planos. Depois, falou do fundo do coração por um longo tempo. Explicou como o pensamento cria nossa realidade e como cada ser humano possui uma capacidade inata para a motivação, bom senso e outras qualidades necessárias num empregado eficiente. O diretor ficou tão impressionado que perguntou a Walter se não queria ser consultor dele e da companhia. Subitamente, Walter tinha seu primeiro cliente de consultoria!

Antes de deixar a Alemanha, Walter fez um seminário de treinamento de um dia com o diretor, além de fazer planos para treinar os executivos da companhia nos princípios da liderança e bem-estar mental. Até agora, ele já esteve em 13 países e treinou mais de dois mil executivos. Tudo correu tão bem que ele está fazendo mais dentro da companhia que o contratara inicialmente, além de ter outros clientes na Alemanha e Estados Unidos.

O que parecia, em termos lógicos, ser um absurdo, deixar o emprego, acabou se revelando uma iniciativa melhor do que qualquer coisa que Walter e Lisa poderiam imaginar. Ele ganha mais dinheiro como consultor, tem total liberdade e pode desfrutar o melhor de dois mundos, viajando entre os Estados Unidos e a Alemanha. Lisa pode passar vários meses na Alemanha e viajar com Walter pelo mundo inteiro, em suas viagens de consultoria. Quando Walter e Lisa partilharam sua história comigo, ele disse:

— Nossos objetivos eram mínimos em comparação com os sonhos que nossos corações nos reservavam. Nunca poderíamos imaginar que faríamos o que estamos fazendo agora. Temos uma casa nova, uma boa renda mensal, uma grande carreira e, o mais importante de tudo, somos felizes. Ao seguirmos o "caminho do coração" em vez do "caminho da carreira", tivemos resultados muito melhores.

Lisa acrescentou:

— Em vez de ignorar os sentimentos do coração, ouvimos e confiamos neles, embora o futuro fosse desconhecido. Se seguíssemos pelo outro caminho por medo, estaríamos bastante limitados.

O princípio na prática

Todos nós formulamos objetivos, baseados no que pensamos que nos tornará felizes. Se esses objetivos baseiam-se em condicionamento e hábito do passado, mesmo que sejam alcançados, vão parecer vazios depois de algum tempo. Em decorrência, fixamos novos objetivos, esperando que estes nos tornem felizes.

Por outro lado, se estivermos dispostos a renunciar a nossos objetivos habituais e ouvir de fato nossos corações, como Walter e Lisa fizeram, podemos descobrir uma coisa muito maior e mais profundamente enraizada na essência do nosso ser. Quando seguimos o *caminho do coração*, estamos ouvindo a inteligência mais profunda da sabedoria. Confiar no sentimento desconhecido do coração pode inicialmente exigir coragem, até descobrirmos, através do *salto da fé*, que sempre produz resultados muito além de nossa imaginação.

À medida que confiamos cada vez mais em nossos sentimentos mais profundos nas decisões que enfrentamos na vida — quer seja aceitar um emprego, escolher uma pessoa com quem viver ou voltar aos estudos —, nossa fé será transformada em conhecimento. Walter sentiu-se muito calmo naquela noite depois que fez a caminhada e chorou. *Sabia* o que fazer. Quando confiamos nesse *conhecimento*, nossos sentimentos se tornam serenos. Antes de reconhecer seus sentimentos, no entanto, Walter sentiu aflição. Os sentimentos constituem a melhor bússola para nos ajudar a navegar pelo desconhecido do futuro.

Confie na força invisível dos sentimentos. Eles sabem mais do que seu cérebro jamais poderá saber sobre a maneira de fazer seus sonhos virarem realidade.

35. Uma comunidade aprende a ser calma, objetiva e controlada

ESTA HISTÓRIA É UM POUCO DIFERENTE das outras neste livro. É a história de como toda uma comunidade descobriu a saúde interior.

Os moradores de Mount Hope, um bairro no South Bronx, na cidade de Nova York, haviam perdido toda a esperança. As características do bairro eram o crime, tráfico de drogas, condições de habitação em deterioração, desabrigo, falta de oportunidades e um sentimento de isolamento. As pessoas estavam sempre apressadas, irritadas, reagiam com violência por qualquer coisa, faziam tudo com a maior intensidade... em suma, o que muitos chamariam de típicos nova-iorquinos.

Roberta crescera em Mount Hope e criara sua família ali. Como negra, queria ter sucesso na América capitalista. Há trinta anos trabalhava como gerente de vendas de uma grande companhia. Era estressada e competitiva, tão absorvida em seu trabalho que se tornara alheia à deterioração do bairro ao seu redor.

Um dia Roberta acordou para o que estava acontecendo em Mount Hope e decidiu fazer alguma coisa. Formou um grupo de cidadãos comuns para lutar pela revitalização e salvação do bairro. O grupo conseguiu alguns progressos ao afastar o tráfico de drogas do bairro e melhorar as condições habitacionais. E enquanto ela se cansava de seu emprego e da mudança no clima dos negócios, com a diminuição do tamanho das empresas e o medo de desemprego, passou a perceber aquele grupo da comunidade como sua saída. Decidiu devotar tempo integral à administração da agência habitacional do bairro, com conjuntos que àquela altura representavam um empreendimento de vários milhões de dólares, precisando de sua competência como executiva. Para Roberta, aquele novo emprego parecia ser muito fácil, em comparação com a competitividade do mundo empresarial que tão bem conhecia. Ela teria uma grande surpresa. Ao me falar sobre as condições que encontrou na agência habitacional, ela disse:

— Era uma coisa horrível. Ninguém falava com ninguém. Havia conflito entre aqueles que deveriam formar uma equipe, não havia respeito entre os colegas, as pessoas eram grosseiras. O mundo empresarial parecia até cordial em comparação com aquelas pessoas. Só pude pensar numa coisa: Em que confusão vim me meter?

Uma das vantagens do novo cargo, no entanto, era o fato de a agência de financiamento atender a todas as suas necessidades. Recomendaram que a equipe inteira fosse treinada nos três princípios do bem-estar mental. Dera certo em outros bairros parecidos. O foco era primeiro ajudar os funcionários a encontrarem um estado de mente saudável, para que depois pudessem ajudar os outros.

A encruzilhada na estrada

Roberta sentiu-se bastante esperançosa com a mensagem do novo consultor, mas se perguntou como aquele branco de fala macia poderia influenciar um grupo de assistentes sociais pretos e latinos de Nova York, todos estressados e belicosos. Na primeira manhã do treinamento, eles se mostraram mal-humorados, combativos e irrequietos, como sempre. Ao final da manhã, porém, havia uma *tranqüilidade* na sala que deixou Roberta espantada.

Ned, o consultor, tornara-se um pioneiro no campo de flexibilidade e prevenção de problemas sociais e psicológicos. A filosofia era trabalhar com a saúde mental da comunidade, em vez de impor programas de fora. Assim que as pessoas na comunidade encontravam seu rumo mental, eram capazes de chegar às próprias soluções para resolver seus problemas. Roberta me disse:

— Eu sabia que encontráramos o elo que faltava para nos tornarmos efetivos agentes de mudança. Tínhamos bons elementos, dinheiro e recursos, mas não possuíamos mentes saudáveis. Isso podia ser a resposta que vínhamos procurando mesmo sem saber. Também compreendi que o programa não era apenas para os outros, que eu também precisava. Tornara-me mais estressada do que jamais me sentira quando trabalhava numa grande empresa. Ao voltar para casa, na primeira noite do seminário, estava determinada a aplicar o que aprendera em minha vida pessoal. Compreendi que vinha tratando meu marido muito mal. Quase não falava com ele na maioria das noites; e, se falava, era com raiva, emitindo julgamentos. O estresse afetava meu comportamento.

— Jon, meu marido, era um homem trabalhador, gentil, sempre me apoiando em tudo. Todos os dias arrumava a cama sem que eu sequer pedisse. Todas as noites, ao voltar do trabalho, eu arrancava a colcha com irritação, porque ele não arrumara direito. *Será que ele não sabe nem fazer uma cama corretamente?*, eu me perguntava com freqüência. *A parte arredondada tem de ficar embaixo, não em cima!* Eu vagueava furiosa pela casa por causa disso. Jon não conseguia entender. Na noite do seminário, voltei para casa serena e afetuosa. Não arranquei a colcha com irritação. Em vez disso, compreendi que era afortunada por meu marido ter feito a cama. Pensei nas outras coisas que ele também fazia, meu amor ia aumentando. Dava para perceber que ele não tinha a menor idéia do que estava acontecendo.

— Depois de uma noite agradável, sentamos para conversar. Perguntei se ele sabia o que havia de errado na maneira como arrumava a cama. Expliquei como devia ser, e Jon disse: "Eu não sabia que era assim. Por que não me falou antes? Pode deixar que farei de uma maneira diferente daqui por diante." Expressei minha gratidão por toda a sua gentileza. Desde então, toda a minha vida mudou. Tornei-me mais calma, mais paciente, passei a aceitar mais. Via saúde em todas as pessoas, até mesmo nos traficantes de drogas. Compreendi que minha agressividade de Nova York não era necessária para realizar meu trabalho. Meu casamento e toda a agência mudaram.

Depois de algum tempo, os funcionários da agência habitacional começaram a treinar os moradores dos conjuntos habitacionais nos três princípios. Antes do treinamento, os moradores eram parecidos com os funcionários da agência, divididos, hostis, territoriais, resistindo a qualquer cooperação. Além disso, o índice de ocupação era de apenas 55%, dos quais só 49% pagavam o aluguel. As crianças destruíam os prédios com grafites, lixo e vandalismo.

Depois do treinamento dos moradores, o bairro começou a mudar. A ocupação dos conjuntos subiu para 90%, o pagamento dos aluguéis passou a ser de 92%. Os grafites desapareceram. As pessoas passaram a se orgulhar da aparência do bairro. As despesas com reparos tiveram uma queda considerável. Os funcionários da agência e os moradores dos conjuntos começaram a experimentar a sensação do bem-estar mental: tornaram-se calmos, pacientes, afetuosos, felizes e atenciosos uns com os outros. Com esses sentimentos, é claro que se tornaram orgulhosos de seu bairro e faziam o que podiam para melhorá-lo. Muitas daquelas pessoas haviam sido desabrigadas e tinham problemas mentais antes de mudarem sua vida. Joline, por exemplo, deixara um hospital mental estadual quando o fecharam, na década de 1970. Ela passara os últimos vinte anos vivendo nas ruas. Depois de comparecer a uma séria de palestras sobre saúde mental, ela foi morar num conjunto habitacional, voltou a estudar e tem muitos amigos. Mais importante ainda, sente esperança pelo futuro e a possibilidade de ser "normal". É típica de muitos moradores. Finalmente, os habitantes de Mount Hope encontravam um sentido no nome do bairro. *Hope* significa esperança em inglês.

A saúde tornou-se a nova norma para os moradores de Mount Hope. A raiva era antes a única maneira de atrair a atenção de alguém ou fazer com que alguma coisa fosse realizada. Agora, a raiva passou a ser um sinal de que estão perdendo o equilíbrio. Quando ocorre, todos tratam de lembrar uns aos outros que devem permanecer "calmos, objetivos e controlados". Este tornou-se o lema do bairro. Depois que compreenderam o papel do pensamento para criar as experiências e suas próprias vidas, eles adquiriram o poder de mudar a si mesmos e o bairro.

O princípio na prática

Em nossos esforços para combater o crime, a pobreza, o desabrigo e a desesperança, temos despejado dinheiro e promovido incontáveis programas em bairros das grandes cidades, mas os resultados são temporários na melhor das hipóteses. Isso acontece porque a raiz de qualquer problema, como a raiz de qualquer erva daninha, deve ser removida para que o problema possa ser eliminado. Só assim a relva e as flores podem crescer livremente.

Em Mount Hope, Roberta e seus colegas de trabalho descobriram como alcançar a raiz dos problemas do bairro e com isso criar uma mudança permanente. A raiz de todo o comportamento humano é o *pensamento*. Quando os funcionários e moradores aprenderam como seu pensamento criava experiência e como acessar o pensamento mais sábio, puderam eliminar suas maneiras não-saudáveis de pensar. Aprenderam a reconhecer os sentimentos e as emoções associados com seu pensamento. Assim, podiam distinguir a diferença entre pensamentos saudáveis e pensamentos não-saudáveis. Ao fazerem isso, mudaram a maneira como lidavam uns com os outros e com eles próprios. Passaram a perceber as possibilidades e a criar soluções, em vez de viverem com a muralha de desesperança que antes envolvia todo seu pensamento. Agora, a esperança aflora eterna em Mount Hope.

A mudança dentro de uma comunidade começa
no pensamento de cada um dos seus membros.
Esse é o caminho para o verdadeiro poder.

36. Mudando por meio da auto-aceitação

KARA JAMAIS GOSTOU DE NAMORAR ou de manter relacionamentos. Desde o tempo em que era adolescente até recentemente, já na casa dos quarenta anos, sempre considerou os namoros e relacionamentos como estressantes, mais uma tarefa do que um prazer. Não compreendia como alguém podia gostar, porque pareciam impregnados de sentimentos de insegurança, expectativas, desapontamentos e tristezas.

Quando Kara sentia-se atraída por um homem que se interessava por ela, seu padrão habitual era começar a ter expectativas. Sua mente se povoava de pensamentos: *Ele vai me telefonar para sairmos neste fim de semana? Por que ainda não ligou? Não deve gostar de mim tanto quanto gosto dele. Por que isso sempre me acontece? Os homens são todos uns canalhas! Talvez haja alguma coisa errada comigo.* Kara passava de uma expectativa para outra, tirava conclusões precipitadas sobre qualquer expectativa que não se consumasse. Em conseqüência, duvidava de si mesma, vivia ressentida, magoada ou desapontada.

Para lidar com esse círculo vicioso, Kara vacilava entre evitar por completo os namoros e tentar pensar de uma maneira positiva. Procurava descobrir por que não tinha um relacionamento: *Será que não tenho bastante atração física? Ou sou tão independente e auto-suficiente que os homens se sentem ameaçados?* No fundo, Kara passava muito tempo pensando em relacionamentos, mas nunca tinha qualquer pensamento novo sobre o assunto. Não era de admirar que não gostasse de namorar!

Há poucos anos, Kara começou a aprender sobre os princípios do pensamento saudável. Sua vida mudou sob muitos aspectos: tornou-se mais confiante no trabalho, as relações com a família melhoraram muito. Mas sua insegurança em relação aos namoros persistiu. Era o seu ponto cego.

Mas várias percepções começaram a abrir o caminho para um salto na maneira como ela considerava os relacionamentos amorosos. A chave para Kara foi a percepção de que, em vez de tentar mudar a si mesma pela análise dos problemas, em vez de se julgar e tentar se consertar acatando todos os tipos de conselhos, *ela devia se aceitar como era.* Descobriu um paradoxo: quando aceitava uma característica determinada sobre si mesma, mudava de uma maneira quase automática. Dizia coisas para si mesma quando se deparava com um pensamento não-saudável antigo. Por exemplo: *Ora, já estou começando de novo. Na próxima vez será diferente.* Em suma, ela não se desesperava, o que a deixava livre para ter percepções sobre seu comportamento.

A encruzilhada na estrada

Kara passou a aceitar o fato de que não estava num relacionamento. Na medida em que aceitou esse fato sem qualquer julgamento, ela adquiriu uma certa humildade. Compreendeu que sabia muito pouco sobre relacionamentos, ou como ter um. Mas, em vez de se sentir angustiada por isso, tornou-se uma estudiosa de relacionamentos. Como ela me disse:

— Se meu ponto cego em matéria de relacionamento era uma pedra de 20 toneladas no meio da estrada, minha auto-aceitação foi a dinamite que explodiu o obstáculo. O segundo passo era me tornar uma estudiosa de relacionamentos.

Kara fez perguntas a amigas que eram boas em questões de relacionamentos: "Como convida alguém para sair? Como reage quando a resposta é não?". Para Kara, convidar um homem para sair era uma coisa tremenda. Trazia o mesmo nível de ansiedade que pedir a um homem para casar com ela. Mas a amiga a quem pediu conselhos disse apenas que deveria ligar para um homem, conversar e sentir se seria certo ou não convidá-lo para um encontro. Kara pensou: *Posso conversar com um homem sem qualquer dificuldade. Não tem nada demais.* Ela jamais pensaria que poderia ter uma conversa descontraída e sem compromissos com um homem. Por esse ponto de vista, a perspectiva de um encontro parecia fácil e divertida.

Kara começou a convidar homens para encontros, correndo os riscos. Refletia depois sobre o que acontecera. Antes, não levava em conta os conselhos das amigas ou usava tudo como munição para se julgar. Agora, porém, nada tinha a perder, porque não criava expectativas. Considerava as experiências como oportunidades para aprender e se divertir. Se o antigo pensamento inseguro aflorava, reconhecia isso, mostrava-se interessada, até achava engraçado. Também reconheceu como o pensamento inseguro dos homens com quem saía era parecido com o seu. Em vez de interpretar isso de uma maneira negativa, passou a sentir compaixão. Todo o esquema tornou-se um processo de descoberta para ela.

O princípio na prática

As livrarias estão cheias de livros de auto-ajuda sobre a maneira de arrumar um namorado, como se tornar mais atraente fisicamente ou aprender frases infalíveis para seduzir um homem ou uma mulher. Através dos princípios do pensamento saudável, Kara descobriu um sistema diferente para mudar, um sistema que começa pela auto-aceitação. Quando nos aceitamos como somos, com todas as imperfeições, podemos também aceitar que não sabemos muita coisa sobre um assunto determinado. E quando nos aceitamos nesse estado de não saber, naturalmente nos tornamos curiosos e começamos a aprender. Contudo, até nos aceitarmos como somos agora, convertemos qualquer nova informação numa arma de autojulgamento.

Quando Kara aceitou o fato de que não tinha idéia da maneira de ter um relacionamento, passou a ouvir os conselhos das amigas e a conversar com seu coração. Não aceitava cegamente os conselhos, já que todas as pessoas são diferentes, mas expandia sua visão das coisas. Quando consideramos nossos pontos cegos como áreas de descoberta, em vez de razões para vergonha e embaraço, aprendemos e adquirimos percepções sobre nós mesmos.

Quando reconhecemos nosso pensamento negativo sem julgá-lo, ele pode vir à luz onde poderemos vê-lo com mais clareza, permitindo-nos *admitir o que não sabemos.* Não saber é o limiar da percepção. Ao admitir que não sabemos com aceitação, não com julgamento, entramos na "parada de ônibus" da percepção. Se não estivermos na parada, não pegaremos o ônibus, independente de sua freqüência. É a aceitação que nos leva à parada de ônibus.

Mudar é fácil quando você se aceita plenamente como é, em vez de tentar mudar através do esforço e julgamento.

37. O poder de cura do momento

BOBBY SE MACHUCOU DURANTE UM JOGO DE HÓQUEI na escola secundária. Soube que estava paralítico no momento em que caiu. Fraturou duas vértebras. Os prognósticos eram sombrios. A mãe de Bobby, Natalie, jamais esqueceu as palavras do médico:

— O prognóstico não é nada bom. Sinto muito, mas a lesão é da maior gravidade.

Então é assim, pensou Natalie, atordoada pelo choque. *Você se pergunta como será enfrentar a situação mais sinistra possível. É assim que acontece. Como poderei suportar?*

A encruzilhada na estrada

Natalie partilhou como transformou seu desespero em esperança:

— Assim que nosso filho entrou na cirurgia e os amigos começaram a aparecer, meu ânimo se elevou. Muito do que meu marido e eu aprendêramos sobre os princípios do bem-estar mental começou a aflorar. Compreendi que tinha de permanecer no momento. Sempre que começávamos a projetar para o futuro, ficávamos apavorados. Instintivamente, sabíamos que não devíamos fazer isso. O mesmo acontecia com o retorno ao passado. Ficaríamos tristes se voltássemos. Já tínhamos tudo o que podíamos absorver no presente.

— Logo começou a ficar claro que todas as possibilidades existem no momento. Ninguém sabe o que o futuro reserva, nenhuma realidade é absoluta, nem mesmo a realidade que os médicos de Bobby nos apresentaram. Compreendi que tudo o que os médicos disseram, em sua inocência e amor, era o melhor que podiam nos dizer, com base em suas informações e experiências do passado. E isso era tudo o que eu sabia. O prognóstico era muito sombrio. Não podíamos lidar com mais nada no momento. Comecei a lembrar tudo o que aprendera sobre o pensamento. Sabia que, se encarasse o incidente com meu filho como trágico, assim seria para nós e para ele. Também percebi que, se soubesse que Bobby ficaria bem, qualquer que fosse o resultado, ele ficaria bem.

— Bobby passou 14 horas em cirurgia nos dois primeiros dias. Entre as cirurgias, repórteres nos entrevistavam. Fiquei espantado com as manifestações de apoio da comunidade, as correntes de orações. Mais de seiscentas pessoas reuniram-se na igreja para rezar por Bobby.

— Eu disse ao pessoal da imprensa que sabíamos que Bobby ficaria bem. A essência de Bobby não poderia ser afetada. Nem em meus sonhos mais delirantes eu poderia imaginar que teríamos o equilíbrio necessário para lidar com a mídia naquelas circunstâncias. Tornou-se evidente que tudo o que precisávamos era permanecer no momento. Havia a dádiva da compreensão, aquela manifestação de amor e apoio de nossos amigos e da comunidade. Sabíamos que não precisávamos nos preocupar com qualquer coisa. Todos haviam assumido o rosto de Deus. Era um sentimento profundo.

— O hospital comentou que nunca recebera tantas visitas para um só paciente. Um amigo disse que as pessoas eram atraídas para o sentimento de paz total, amor e compreensão. As pessoas que trabalhavam no hospital sempre apareciam, atraídas por esse ímã de energia positiva.

— Sabíamos que não queríamos que qualquer forma de sentimento negativo entrasse no quarto de Bobby. Queríamos cercá-lo e a nós mesmos apenas com amor e energia positiva. E se permanecêssemos no momento, seria sempre assim.

— Um dos momentos mais emocionantes que posso me lembrar foi quando Bobby mexeu pela primeira vez o polegar e o indicador. Isso significava que ele poderia usar um *joystick*. Os médicos ainda se mostravam pessimistas em relação ao futuro, mas nós nos sentíamos gratos por qualquer sinal positivo. Quando os médicos se retiraram, Bobby comentou: "Deus sabe mais do que eles. Tudo o que quero é ser feliz, não importa o que aconteça." Assegurei confiante que ele podia ser feliz, qualquer que fosse o resultado. Esse sentimento estava dentro dele. Era tudo o que importava para Bobby.

— Quase no mesmo instante, Bobby foi envolvido por sentimentos positivos. Quanto mais notava como se sentia bem, melhor se sentia. Ficou exultante por se sentir tão bem assim durante três dias. Mantinha-se acordado até tarde da noite, conversando com a mais profunda esperança.

Foi nessa ocasião que Natalie teve certeza de que ele ficaria bem.

— Daí por diante passei a lembrá-lo de que, se fora capaz de se sentir tão bem na hora mais sinistra, poderia continuar com esse sentimento em qualquer ocasião, independente das circunstâncias.

Perguntei a Natalie se tivera períodos de depressão durante essa época.

— Claro que tive — respondeu ela. — Mas mesmo nos momentos de depressão, eu sabia que era apenas pensamento. Meu conselheiro me dizia para considerar meus pensamentos como gotas de chuva no pára-brisa. Se eu mantivesse os limpadores ligados, iriam desaparecer. Eu sabia que não podia me permitir qualquer negativismo ou mergulharia no fundo do poço. Quando as pessoas entravam no quarto e começavam a manifestar sua compaixão pela terrível situação, eu dizia que era tudo pensamento. Os ânimos de todos se elevavam. Comecei a perceber que partilhar essa compreensão me reanimava. Era um lembrete constante de que todos nós criamos nossa realidade e percepção.

— Pude até compreender que o senso de urgência e impaciência dos médicos era apenas uma decorrência de seu desânimo. Quando me lembrava isso, evitava que aquela premência me contagiasse. O medo dos médicos em relação a Bobby era apenas deles.

— Muitas vezes minha sabedoria me socorreu. Podia ser por me trazer uma música barroca tranqüilizadora ou por não haver visitas durante algum tempo. Minha sabedoria sempre me trazia a percepção ou pensamento certo, no momento certo. O pensamento analítico nunca podia fazer isso com a mesma profundidade da sabedoria. Eu sabia que tudo estaria bem se confiasse em minha saúde mental inata. Todas as pessoas da família constantemente lembravam umas às outras que se caíssemos no desânimo bastaria confiar em nossa sabedoria.

A sabedoria de viver no momento conduziu Bobby, Natalie e toda a família por aquele período tão difícil; e ainda conduz, nas cirurgias adicionais e reabilitação de Bobby. Eu soube que há pouco tempo, na cerimônia de colação de grau no curso secundário, Bobby andou pelo corredor para receber seu diploma. Ele tinha razão: Deus sabe mais do que os médicos. O ponto importante não era se Bobby voltaria a andar, mas sim a paz e determinação com que a família enfrentou junta aquela fase de atribulação... no momento, um momento de cada vez.

O princípio na prática

Não creio que jamais tenha ouvido um testemunho mais vigoroso do poder de viver no momento. Através de sua compreensão do pensamento como fonte da experiência, Natalie soube que tinha uma opção sobre a maneira como reagiria à lesão de Bobby. Tinha de permanecer no momento. Sabia que apenas no momento protegeria os sentimentos de amor e teria todas as percepções de que precisava. Só no momento é que o corpo de Bobby curaria da melhor forma possível, seriam todos orientados para a etapa seguinte, e ficariam protegidos da falta de compreensão das outras pessoas e de seu próprio desânimo. Só no momento é que eles não teriam medo. Em vez do medo, teriam fé e paz de espírito.

Não apenas Natalie, Bobby e a família foram ajudados pela compreensão do poder da Mente, Pensamento e Consciência, mas também toda uma comunidade ficou profundamente comovida e se uniu pelo poder do amor, que se encontra no fundo da verdadeira compreensão.

Não importa o desafio: confie no poder de viver no momento para curar, viver e amar.

38. Sua história

AGORA QUE VOCÊ JÁ LEU ESTE LIVRO É POSSÍVEL que tenha conseguido algumas mudanças em sua vida. Escreva-as para você mesmo. Contar sua história de transformação, por menor que seja, pode ajudá-lo a perceber o poder que você possui para criar sua própria vida. E, se quiser partilhá-la, mande para mim.

A COMPREENSÃO DA SAÚDE (antes conhecida como Psicologia da Mente) tem sido aplicada a muitas áreas, incluindo: aconselhamento e psicoterapia, abuso de substâncias, consultoria de empresas, prevenção primária, revitalização comunitária, medicina e psiquiatria, cuidados com a saúde, policiamento e várias outras. Para mais informações ou para me enviar sua história, entre em contato comigo em minha página na Internet:

www.thespeedtrap.com
ou
Joseph Bailey
P.O. Box 25711
Woodbury, MN 55125-9998

Materiais

Para livros, fitas cassete, vídeos, artigos, boletins noticiosos e informações, entre em contato com:

The Psychology of Mind/Health Realization Resource Center
Internet: www.pomhr.com

Cadastre-se e receba informações sobre nossos lançamentos, novidades e promoções.

Para obter informações sobre lançamentos e novidades do Grupo Editorial Campus, dentro dos assuntos do seu interesse, basta cadastrar-se no nosso site. É rápido e fácil. Além do catálogo completo on-line, nosso site possui avançado sistema de buscas para consultas, por autor, título ou assunto. Você vai ter acesso às mais importantes publicações sobre Profissional Negócios, Profissional Tecnologia, Universitários, Educação/Referência e Desenvolvimento Pessoal.

Nosso site conta com módulo de segurança de última geração para suas compras.
Tudo ao seu alcance, 24 horas por dia.
Clique **www.campus.com.br** e fique sempre bem informado.

www.campus.com.br
É rápido e fácil. Cadastre-se agora.

Outras maneiras fáceis de receber informações sobre nossos lançamentos e ficar atualizado.

- ligue grátis: **0800-265340** (2ª a 6ª feira, das 8:00 h às 18:30 h)
- preencha o cupom e envie pelos correios (o selo será pago pela editora)
- ou mande um e-mail para: **info@elsevier.com.br**

Nome: _____

Escolaridade: _____ ☐ Masc ☐ Fem Nasc __/__/__

Endereço residencial: _____

Bairro: _____ Cidade: _____ Estado: _____

CEP: _____ Tel.: _____ Fax: _____

Empresa: _____

CPF/CNPJ: _____ e-mail: _____

Costuma comprar livros através de: ☐ Livrarias ☐ Feiras e eventos ☐ Mala direta ☐ Internet

Sua área de interesse é:

☐ UNIVERSITÁRIOS
- ☐ Administração
- ☐ Computação
- ☐ Economia
- ☐ Comunicação
- ☐ Engenharia
- ☐ Estatística
- ☐ Física
- ☐ Turismo
- ☐ Psicologia

☐ EDUCAÇÃO/REFERÊNCIA
- ☐ Idiomas
- ☐ Dicionários
- ☐ Gramáticas
- ☐ Soc. e Política
- ☐ Div. Científica

☐ PROFISSIONAL
- ☐ Tecnologia
- ☐ Negócios

☐ DESENVOLVIMENTO PESSOAL
- ☐ Educação Familiar
- ☐ Finanças Pessoais
- ☐ Qualidade de Vida
- ☐ Comportamento
- ☐ Motivação

20299-999 - Rio de Janeiro - RJ

O SELO SERÁ PAGO POR
Elsevier Editora Ltda

CARTÃO RESPOSTA
Não é necessário selar

Cartão Resposta
0501 20048-7/2003-DR/RJ
Elsevier Editora Ltda
CORREIOS

Este livro foi impresso nas oficinas gráficas da
Editora Vozes Ltda.,
Rua Frei Luís, 100 — Petrópolis, RJ,
com filmes e papel fornecidos pelo editor.